中国国际问题研究院学术著作出版基金资助出版

国际反恐合作法律机制研究

张屹 著

WUHAN UNIVERSITY PRESS
武汉大学出版社

图书在版编目(CIP)数据

国际反恐合作法律机制研究/张屹著 . —武汉：武汉大学出版社，2019.4

ISBN 978-7-307-20685-4

Ⅰ.国… Ⅱ.张… Ⅲ.反恐怖活动—国际合作—法律—研究—世界 Ⅳ.D912.109

中国版本图书馆 CIP 数据核字(2019)第 023984 号

责任编辑：韩秋婷 责任校对：汪欣怡 版式设计：马 佳

出版发行：**武汉大学出版社** (430072 武昌 珞珈山)

(电子邮箱：cbs22@ whu.edu.cn 网址：www.wdp.com.cn)

印刷：武汉中远印务有限公司

开本：720×1000 1/16 印张：11.25 字数：160 千字 插页：1

版次：2019 年 4 月第 1 版 2019 年 4 月第 1 次印刷

ISBN 978-7-307-20685-4 定价：42.00 元

序

　　恐怖主义是当今国际社会的一大顽疾，作为当今最主要的非传统安全问题之一，它已经引起了国际社会以及国际问题研究者和实际工作者的深切关注。如何分析恐怖主义现象所赖以产生的现代性根源，从而通过相应的政治手段、立法手段和司法途径有效地遏制和惩治，进而最终消灭这一反人类的极端主义暴力行为，是所有深受其害的国家都非常关注的热点问题。对历史上的恐怖主义案例进行分类和研究是反恐立法中的重要环节，因此也成为本书主体篇章的组成部分。然而当代国际恐怖主义的属性和特征不断发生变化，恐怖主义问题的国际性和各国反恐立法、反恐手段的地区性成为该问题的两个方面，同时并存。本书以对国际社会与全人类现代性问题的深切关注为出发点，试图在总结学术界已有的对恐怖主义问题的研究成果基础上，以当前国际反恐合作的主要法律机制和政治外交机制作为突破口，以联合国框架内条约立法方面所取得的阶段性成果作为理论支撑，梳理出反恐合作的逻辑主线并寻求有效治理该问题的实践基础。在此基础上，研究中国国内的反恐机制与政策发展，并提出相应参考建议。

考虑到上述几个方面，本书的具体内容包括恐怖主义的历史类型分析、恐怖主义犯罪的属性分析、恐怖主义的社会根源分析、针对国际反恐合作的宏观机制性问题的研究、国际反恐条约的研究、国际反恐合作涉及的国际刑事司法合作研究以及在法理学的层面对反恐行为进行的总结性思考。而对于中国国内恐怖主义问题以及反恐立法、国家安全政策的分析则成为本书重要的落脚点，正如同中国国内反恐体系作为国际反恐宏观格局中重要的一环。

本书经过以上环节的分析得出结论，认为当前恐怖主义具有不同于以往任何时代的特征，传统理论对恐怖主义作出的政治价值判断不仅不能推动国际社会达成对恐怖主义问题的共识，也有碍于消除意识形态的分歧，使国际社会走向反恐合作的机制化轨道。因此，本书认为应当以在联合国框架内尽快推进全面反恐公约的早日制定作为当前的合作方向，这一进程需要首先以各国国内的反恐立法体系的不断完善作为基础，同时也要求各国在区域性国际反恐机制和部门性国际反恐条约的合作平台上取得实质性进展。

目　录

绪　　论

　　对于国际反恐问题的研究，其现实意义要远远高于理论意义。然而，既然作为学术研究，就必须具有严谨的理论框架，如果论及反恐问题研究中最为重要的理论框架和理论起点，则当属对于恐怖主义的定义问题的研究。

　　学术界至今尚未对恐怖主义犯罪作出一致公认的准确定义。对恐怖主义犯罪进行国际立法上的统一定义之所以存在困难，第一个原因就是西方国家政治性"双重标准"的存在，另外还有一个原因，就是很多国家担心把一些暂时看来与己无关的恐怖组织和恐怖分子划入黑名单会刺激恐怖分子的敏感神经，会"引火上身"。这里就需要国际法一般原则中对国家责任观念的强化，以及国际良知的深入人心。

　　即便如联合国这样的权威普遍性国际组织，在认定恐怖组织的黑名单方面，由于对某些带有民族分裂主义性质的组织有特殊考虑，也难以取得完全一致。此外，目前学术界公认的历史上的恐怖主义源于法国大革命时期的雅各宾派恐怖专制政权，然而纵观今天国际社会千差万别的恐怖主义类别和形态，雅各宾派所施行的暴政至多只能涵盖"国家恐怖主义"这一个小的类别。甚至还有中国学者牵强地把中国古代"荆轲刺秦王"的历史典故标榜为国际恐怖主义的开山鼻祖。这些事实本身就说明，恐怖主义的定义确实难以把握；也说明国际恐怖主义随着历史长河发展至今，其形态复杂多变，繁衍速度远超出人类的理性认知。

对恐怖主义进行研究，必须落实于实践指导，且起始于学理分析。然而一个严谨的、客观的学理分析过程又必须开端于对概念体系的准确把握。因此，本书的理论意义就在于对恐怖主义本身的内涵、外延进行历史实证主义维度的考察。

反恐怖主义研究所涵盖的政治学、国际关系学、国际法学、刑法学、社会学等诸多学科领域的研究目前都具有了一定的深度，然而对于此问题，学术界仍难免有一种以学科为研究导向的思维惯性。本书试图在吸收各学科研究的精华部分之后，进行反思和批判研究，从各领域研究中寻找出一条主线，将各学科所包含的普遍真理转化为易于实践操作的服务于国际治理的政策性分析。不仅力图做到以问题为导向，更要力图做到以政策需要为导向。

在恐怖主义的众多类型中，大部分往往表现出反全球化的特点。换句话说，恐怖主义多以反全球化为己任。这一现象值得政策制定者和国际安全方面的学者进行深刻反思，我们是应该完全放开地去拥抱全球化，还是应该谨慎地审视全球化所带来的利与弊？今天恐怖主义比较集中的热点地区，比如中亚、南亚、东欧等地区，往往都是在全球化进程中相对贫穷的国家。这些现象充分说明了全球化作为一把"双刃剑"所带来的不公正、不平等，以及不同国家之间的贫富差距不断加大这一事实。研究恐怖主义问题，从微观上能为政府制定反恐法律政策与参与国际合作提供参考，从宏观上则促使我们反思全球化的悖论。

社会科学研究不能仅仅做书斋式的学理研究，特别是法学领域研究，更要针砭时弊，致力于推动社会体制的进步。而国际法关注的视角更为宏大，以全球社会、整个人类的文明进步为职责，可以说，每当国际法在学术成果上有了一些前进的步伐，那么国际社会就朝公平、正义、理性更加靠近了一些，同时更加远离了强权政治、野蛮与暴力。当今全球化本身所带来的悖论(即全球化与反全球化的二律背反)引发了诸多非传统安全问题，给国际社会带来了沉痛的灾难，其中尤以贩毒、走私、跨国有组织犯罪、恐怖主义犯罪(本书以其他跨国犯罪作为恐怖主义犯罪的上游犯罪)等一系列重大国际犯罪最为严重。本书试图从理论研究出发，将在对国际反恐合作机制的诸多层面进行逻辑梳理之后，最终回归到政策导向、目标上来，服务于政府决策和公共治理。正如中国人民公安大学张杰所言："反恐者的战术误区在于它从开始出发，而非从结果出发，即错在以'资源导向式'，而非以'目标导向式'反恐。"

中国国内反恐现状与立法是研究的落脚点。如果说，对国际反恐合作机制的研究必须回归到严谨的学术框架中去，那么，对于中国国内现行反恐相关立法的研究只有和现实应用紧密衔接才能体现出实践意义。法学学科教育素来有理论法学和应用法学之分，针对一个具体问题的学术研究应始终兼顾两者。

1978 年，美国创办了《恐怖主义》期刊，1992 年更名为《冲突与恐怖主义研究》。这是西方国家现当代恐怖主义研究的开山之作。美国国会图书馆中与恐怖主义相关的书籍大约有 3000 本，而在英国国家图书馆这一数字则为 5000 余本。而俄罗斯对恐怖主义问题的关注始于 20 世纪 50 年代的苏联时期。因此，总体来看，西方一些国家的反恐问题研究略早于中国。

目前在国际学术界上对恐怖主义问题研究颇有影响的新加坡南洋理工大学拉热热南国际关系学院，以反恐专家 Rohan Gunaratna 教授为核心的研究团队创办了恐怖主义与政治暴力研究中心，该中心开先河地将国际恐怖主义现象与传统政治暴力现象结合起来研究，反思二者之间的内在联系与转化规律，可谓在反恐研究方面独辟蹊径。该中心不仅在新加坡国内反恐政策的制定方面颇有影响力，甚至在全球反恐研究领域都具有举足轻重的影响力。值得一提的是，该研究中心的 Gunaratna 教授曾经作为李光耀内阁的"政策智囊团"成员，准确地预测到了活动在斯里兰卡的恐怖组织泰米尔猛虎组织的多次恐怖袭击行动。这也由于 Gunaratna 教授本人是孟加拉人，长期关注南亚地区的恐怖组织。在 Gunaratna 教授的指导下，该中心建成了一个全球恐怖组织数据库，对于国际上几乎所有区域历史上和当下存在的恐怖组织和恐怖分子做了完善的统计，这一数据库的建成耗资巨大，且为此召集了来自许多国家的反恐学者。关于东南亚恐怖主义问题的应对，他们为笔者提供了很多好的建议。

此外，笔者在土耳其伊斯坦布尔发展大学做了为期一个月的访问研究。在此期间，笔者发现该大学作为一个私立大学却开设了国际关系和政治学的博士生课程，且为土耳其政府提供反恐领域的政策咨询服务。笔者在该大学停留期间，结识了 Kutay Karaca 教授，他对中国的"东突"问题有很多独特的见解，且在中土关系领域与中国吉林大学国际关系学者王利教授共同编写了《中国与土耳其关系——概念、政策与前景》一书，书中有大量篇幅论述了中国与土耳其各自国内面临的恐怖主义问题以及合作机制展望。而土耳其作为与中国维吾尔族有着特殊历史渊源的国家，该国学者在国际反恐合作中所阐述的观点对于中国反恐政策的制定具有极为重要的意义。

当代恐怖主义问题研究属于跨学科研究，其所涵盖的政治学、国际关系、国际法、刑法、社会学等诸多学科领域都为恐怖主义问题研究提供了智力支持和理论支撑。国内知名的国际关系理论学者，如王逸舟，他以反思、批判的视角撰写了《恐怖主义溯源》一书，分析了恐怖主义赖以产生的社会学根源，堪称国内有关恐怖主义的社会学研究之典型代表。

复旦大学张家栋著有多部关于恐怖主义问题的研究作品，堪比美国式政治学研究的行为主义学派。张家栋老师通过大量的实证数据，吸收了国外的统计成果，对恐怖主义的各种类型进行了总结，例如其专著《恐怖主义论》和《全球化时代的恐怖主义及其治理》都对当今国际恐怖主义的历史渊源与总体特征做了详细的梳理。作为公务员的胡联合，著有《全球反恐论》，也是以浩瀚的篇幅，以历史考证的视角列举分析了 20 世纪以来世界上绝大多数恐怖组织的背景、特征、类型等，并且对恐怖分子的个体特征进行了细致分析。在总体上，其研究理念与张家栋可谓异曲同工。

首都师范大学政法学院的张友国老师早年曾赴新疆支教，在新疆从事过中学教育十余年，他通过丰富的实证经验对边疆少数民族问题进行了深刻的思考，主持了教育部人文社会科学研究 2007 年度青年基金项目"中亚与中国新疆民族问题应对机制比较研究"，2008 年度国家社会科学基金青年项目"中亚与中国新疆政治文化建设比较研究"，其所发表的论文《亚文化、民族认同与民族分离主义》对于思考如何消除恐怖主义社会根源问题具有深刻的启示，对于笔者的研究也是不可或缺的一缕亮光。

中国社会科学院中国边疆研究所虽然以往主要以边疆地区的历史研究和边界问题研究作为核心，但是近年来受到现实问题的指引，逐步关注新疆地区的恐怖主义问题。尤其是该所邢广程所长带领的研究团队将新疆地区与中亚地区的恐怖主义问题放在一个宏观视角进行比较研究，在该所雄厚的历史学研究基础上逐渐向多学科研究转型，丰富了国内反恐问题研究视角。这主要得益于邢广程所长曾在中国社会科学院俄罗斯中亚东欧研究所长期从事上海合作组织研究，从而能较快地实现反恐研究领域的学科嫁接。

北京师范大学刑事法律科学研究院的研究团队，以其对中国国内刑法的熟稔，透视了中国刑法中反恐立法方面所存在的短板和不足，并与国际刑法和俄、美等国的国内刑法中的反恐专门立法进行了比较研究，堪称国内反恐立法研究与国际刑法研究的集大成者。

中山大学黄瑶的《联合国全面反恐公约研究》以及盛红生的《国家在反恐中的国际法责任》是迄今为止在传统国际法意义上对恐怖主义普遍性国际立法与国际合作问题研究的整合性较强、覆盖面较广的学术成果。对于本书中关于国际立法机制与国际反恐条约机制的研究具有很重要的借鉴意义。从某种程度上来讲，反恐条约的研究和关注是展开其他层次的理论研究与现实合作的基础，没有对于反恐条约的准确把握而妄谈国际反恐合作，便会失去框架依据，偏离法制轨道。

总体来看，国内外的反恐研究偏重于历史维度、具体案例等方面的研究，因为这方面的研究容易获得成果。然而过分偏重于历史研究和案例研究，则会囿于既有的研究范式，难以超越以往的研究框架，如果借用美国学者托马斯·库恩的"研究范式"理论，则会发现，此类研究常常是"只见树木不见森林"。而法学界的学者从国际法的角度研究反恐，又因为目前缺少普遍性反恐立法，以及难以对恐怖主义定义达成一致等棘手问题的存在，使得法学维度的研究难以取得显著超越。而对国际恐怖主义犯罪行为本身进行性质上的宏观分类，则可以超越对其进行定义带来的困境，从而另辟蹊径。

本书经过对国内外大量文献的总结和归纳，认为基本上学界公认的无外乎以下几种恐怖主义类型：

1. 民族分裂主义型恐怖主义（有的学者称之为民族冲突型恐怖主义）

这种恐怖主义组织的成员主要是极端民族主义者、自治主义者和分裂主义者，即独立倾向较强的民族派别，其运动的主要目标和奋斗方向是实现国家分裂，争取民族自治。像印度尼西亚的东帝汶发生的暴力事件就属此类。

2. 意识形态型恐怖主义

它包括新法西斯主义的恐怖主义（这个派别奉行反动的种族主义，突出的表现是仇外、排外，其袭击对象主要是外籍工作人员。在德国、意大利和法国等国家表现得比较突出）、极右型恐怖主义、极左型恐怖主义。

极右翼意识形态类型的恐怖主义其实就是出于对外来种族和移民的仇视心态而采取极端排外的暴力手段，从而加重了社会的矛盾冲突，为恐怖主义思想的不断繁殖创造了土壤。

反犹太主义（anti-semitism）可以说是一种极右型意识形态恐怖主义，并且在德国法西斯政权那里被上升为国家恐怖主义，然而反犹太主义却又是作为宗教极端主义的犹太主义（张家栋在《恐怖主义与反恐怖》一书中，将犹太主义归入宗教极端主义类别）的对立面而产生的。因此，这种恐怖主义的表现形态显得有些复杂。而极左恐怖主义包括联邦德国红军旅、意大利红色旅、法国"直接行动"、日本赤军、秘鲁"光辉道路"等。以联邦德国时期的"红军旅"为例，联邦德国的红军旅又名巴德尔—迈因霍夫组织，是由巴德尔、迈因霍夫为主干的极"左"分子于 1968 年领导创建的极左激进组织。其包含核心成员 20 名，全部成员共 200 名，成员年龄在 20~30 岁，多为大学生或中产家庭的年轻人。红军旅自认为是弱小的革命力量，自命为代表着第三世界通过对西方强国进行恐怖主义破坏活动来表达对现存国际秩序的不满，试图暴力推翻西方资产阶级政权和本国亲西方世界的统治政权。①

3. 国际贩毒集团从事的恐怖主义

作为恐怖主义犯罪的上游犯罪，贩毒、走私、贩运枪支等重大国际罪行往往都与恐怖主义犯罪有着密切的联系，并且为恐怖主义犯罪提供资金支持。国际贩毒集团从事恐怖主义犯罪，这是当今很多国家和地区都严重存在的现象，也包括拉丁美洲的很多国家。

4. 宗教极端主义型的恐怖主义

研究伊斯兰问题的美国专家约翰·埃斯波西托（John L. Esposito）认为，由于普遍存在视恐怖主义、伊斯兰教同源的错觉，"伊斯兰教和伊斯兰复兴文化被化约为反西方的伊斯兰原型，化约为伊斯兰教向现代性开战，或穆斯林的愤怒、极端主义、狂热主义和恐怖主义"②。其实，类似"圣战""原教旨主义"这样的概念并非伊斯兰教发明的。原教旨主义（fundamentalism）起源于 1920 年美国基督教浸礼会编辑的《守望稽刊》（The Watchman Examiner），又称为"基要主义"。其内涵指的是甘愿为忠于自己信仰之基本要道而战斗之人。此名词既是表达涵义，亦是一个行动口号。

作为当今严重危害国际和平的宗教极端型恐怖主义，早在冷战结束前夕就开始酝酿，根据国外重要恐怖主义研究刊物 Studies in Conflict and Terrorism 1995 年第 18 期的统计显示，仅仅覆盖全球恐怖主义数量 8% 的宗教极端型恐怖主义，其所造成的伤亡人数却是全球恐怖主义所造成伤亡的 30% 之多。

---

① Walter Laqueur, *The Age of Terrorism*, Boston: Little Brown and Company, 1987, p. 238.

② ［美］埃斯波西托：《伊斯兰威胁——神话还是现实》，东方晓译，社会科学文献出版社 1999 年版，第 257 页。

5. 邪教性质的恐怖主义、黑社会型恐怖主义

恐怖主义犯罪往往与其他刑事犯罪以及重大跨国有组织犯罪在犯罪形态上呈现密切的相关性。各种非法的社会组织包括邪教、黑社会组织常常演化为恐怖主义犯罪的上游犯罪组织并为其提供资金支持。随着这种倾向的不断凸显，邪教性质的恐怖主义与黑社会型的恐怖主义便成为独立的恐怖主义类型。在何秉松所著的《恐怖主义、邪教、黑社会》一书中，作者将三者加以类比，并指出了三者之间所存在的微妙联系，以此为借鉴，本书将三者放在一个大类里面进行阐释。

6. 国家恐怖主义

有的学者单独创造出"国际间谍型恐怖主义"，其理由是，该类型恐怖主义行为的实施主体是一国的情报机构，比如美国的中央情报局(CIA)，以色列的摩萨德等。本书认为，鉴于这些行为主体本质上属于主体国家行政机构的一部分，因此可以包含在国家恐怖主义这一外延之内。

在国际关系史中，最大的国家恐怖主义当属美国以中央情报局为实施主体的带有间谍色彩的恐怖主义，中央情报局历史上参与颠覆多国政权，包括中南美洲的古巴、尼加拉瓜、危地马拉、智利，中东、北非地区的利比亚、伊朗、伊拉克，亚洲的越南，甚至还有针对欧洲左翼势力的阴谋破坏活动。

另外，在所谓的"国际间谍型恐怖主义"类型中，如果一国暗中指使个体间谍分子阴谋潜入他国从事间谍破坏恐怖活动，这究竟应归为国家恐怖主义行为还是个人恐怖主义行为？当然，这里又涉及恐怖主义犯罪与间谍罪的界定问题。

7. 网络恐怖主义

网络恐怖主义包括两种情况，即网络上的恐怖主义和通过网络为手段预备、指挥的恐怖主义，通常的定义为"传播恐怖主义思想的犯罪"。

中国人民公安大学的李健和老师认为，至今中国领土内尚未形成完整意义的恐怖组织，最为集中的恐怖威胁来自国际"东突"恐怖势力的内向渗透，暴力恐怖主义音频视频则成为渗透的主要方

式。2013 年"东伊运"恐怖组织合计录制并传播恐怖主义音频、视频 107 部，数量达到历史顶峰。据我国公安部门的可靠证据显示，参与昆明"3·01"、乌鲁木齐"4·30"、"5·22"恐怖袭击事件的恐怖分子大多都曾受到此类传播媒介的影响。随着现代网络技术的快速发展，以网络为途径的恐怖主义音频、视频传播则成为主要方式。

在反恐过程中，政府的网络监管是有效治理网络恐怖主义的一个重要的执法环节。当然，在政府通过科技手段有效监管网络通信的今天，网络恐怖主义的犯罪方式不太可行。反倒是那些可以规避网络监管的现代技术手段容易被利用并成为犯罪手段。

通过网络途径传播恐怖主义思想具有风险小、成本低、见效快等特点，因此成为国际上绝大多数恐怖分子所热衷的犯罪方式。

典型的案例如斯里兰卡的泰米尔猛虎组织，他们使用"电子邮件炸弹"(E-mail bomb)对斯里兰卡当权政府驻国外的使领馆进行黑客攻击，致使使领馆网络系统出现故障。意大利红色旅、法国"直接行动"虽然不以网络袭击为主要活动方式，却以之作为重要手段对政府的网络系统进行攻击，从而达到威慑政府的目的。在美国也出现了"电脑网络解放阵线"这样的以网络袭击为主要活动方式的恐怖组织。

2013 年 12 月 17 日，联合国安理会通过第 2129 号决议，首次强调各国就加强打击网络恐怖主义采取具体措施，重申一切形式的恐怖主义均对国际和平与安全构成最严重威胁。决议特别指出，对恐怖组织或恐怖分子利用互联网发布音频、视频以及实施恐怖行为，包括煽动、招募、资助或策划等活动表示严重关切，明确要求联合国反恐机构会同各国以及有关国际组织加强对上述行为的打击力度等。①

早在 1997 年，美国加州安全与智能研究所的研究员巴里·科林就提出了"网络恐怖主义"这一概念。对于网络恐怖主义，美国

---

① 中新网：《联合国安理会通过决议将加强打击网络恐怖主义》，http://www.chinanews.com/gj/2013/12-18/5631564.shtml，2013-12-18。

联邦调查局（FBI）的定义为"一些非政府组织或秘密组织对信息、计算机系统、计算机程序和数据所进行的有预谋、含有政治动机的攻击，以造成严重的暴力侵害"。而美国国防部（DOD）的定义是"利用计算机和电信能力实施的犯罪行为，以造成暴力和对公共设施的毁灭或破坏来制造恐慌和社会不稳定，旨在影响政府或社会以实现其特定的政治、宗教或意识形态目标"。

网络恐怖主义与普通网络黑客的主要区别，一是其以明确的政治诉求作为犯罪目的。二是其所要达到的破坏结果不限于网络虚拟世界，更多的是以社会经济秩序、基础设施建设、水利电力等公众资源为袭击范围。

所谓"网络恐怖主义"，其实包含两个层面的意义。第一个层面的意义是指我们通常所说的以网络传播作为手段和途径的恐怖主义。第二个层面的意义是指当代国际恐怖组织的网状化、扁平化、碎片化特征，这是相对于传统恐怖主义的金字塔式的垂直等级结构而言的。这种当代网络状的恐怖组织结构特征使反恐更为艰难，而恐怖组织更难以彻底消灭，网络的任何一个分支被击垮，其他分支仍然可以不受干扰，继续从事自身的犯罪任务。正如社会学家所说的：现代社会是强大的也是脆弱的。当今全球治理的多元化、分散化模式决定了被治理对象也会相应地采取游击战术，任何新技术、新理念的应用都不会仅仅为政府和公权力服务，必然也会被恐怖主义犯罪分子在一定程度上窃取。庞大而精细的恐怖组织，其一个分支所实施的罪行背后其实有着整个体系的参与指挥，因而在立法上如何明确犯罪主体也成为国际反恐立法的重要议题。这第二个层面的意义往往被称为"网络型的恐怖组织"，它不同于狭义的网络恐怖主义，实际上是两个完全不同的概念。狭义的网络恐怖主义，即是以网络为手段进行恐怖宣称和袭击的恐怖主义犯罪行为。而"网络型的恐怖组织"（很多学者称之为"网络型的恐怖主义"，这里为了避免歧义，改称为"网络型的恐怖组织"）是指由多个恐怖组织相互串联、勾结在一起，在组织协调方面以分散化、碎片化、网状模式在全球范围内进行恐怖主义犯罪的结构模式。其最为典型的特征就是缺少权力的核心，而只有权力的网络连接点。比较典型的事例如哥伦比亚的跨国毒品卡特尔，阿尔及利亚的宗教极端主义的宗教复兴运动。

网络在恐怖主义犯罪过程中被视为重要的犯罪途径和方式，这一现象已经愈演愈烈，网络被用来传播极端思想和暴力恐怖主义思想是一个不可忽视的严峻事实。当然，学术界认为，就程度而言，网络作为恐怖主义的传播途径这一事实还不足以称为网络恐怖主义。

2013年12月，外交部发言人华春莹指出，当前，互联网已成为恐怖势力开展活动的重要工具。越来越多的恐怖极端组织利用互联网招募人员，传播暴恐思想，传授暴恐技术，筹集恐怖活动资金，策划恐怖袭击活动。网络恐怖主义的危害性日益突出，已成为国际反恐斗争的重要课题。她说，中国是网络恐怖主义的受害者。近年来，以"东伊运"为首的"东突"恐怖势力大肆发布恐怖音频、视频，煽动对中国政府发动所谓的"圣战"，成为近年来中国境内特别是新疆地区恐怖袭击多发的主要和直接原因之一。①

首届"世界互联网大会"于2014年11月在浙江乌镇举行。中国人民公安大学承办了"加强国际合作，共同打击网络恐怖主义"分论坛。会议总结了中国目前面临的网络恐怖主义的诸多特征。比如，当前打击网络恐怖活动缺乏法律认同和法律体系；缺乏打击网络恐怖活动的十分有效的技术手段和方法；网络安全保卫和反恐部门打击网络犯罪执法难；缺乏国际、国内共同打击网络恐怖活动的有效合作机制；缺乏在国际层面和国家层面打击网络恐怖活动的顶层设计。②

8. 生态恐怖主义(eco-terrorism)又称生态学恐怖主义(ecological terrorism)或环境恐怖主义(environmental terrorism)

当今国际上一些环境保护激进分子为了实现其激进的环保主张

---

① 《中国是网络恐怖主义的受害者》，http://news.sina.com.cn/c/2013-12-19/034029022357.shtml，2013-12-19。

② 《我校成功举办首届"世界互联网大会"分论坛》，http://www.cppsu.edu.cn/shownews.cfm? fyear=2014&newsid=5754&borderid=231，2014-12-01。

而诉诸暴力恐怖主义手段，被归纳为生态恐怖主义。绿色和平组织现在还声称自己"坚持非暴力手段，在不侵犯人身和财产的原则下，和平地从事理想中的环保事业"。但他们的所言和所行却不大一致。既然学术界将其定义为恐怖主义，说明它仍然脱离不了暴力手段。

由于恐怖主义定义问题所存在的种种争议，笔者将选取几个国内外相对比较占主流的观点进行整理，采取一个比较中庸的立场，而尽量回避恐怖主义犯罪的动机要素；同时将以更多篇幅对 20 世纪以来的恐怖主义历史发展的类型和特点进行回顾和总结，以便于对国际恐怖主义犯罪的特点有一个宏观的把握。

本书经过对国内外大量文献的总结和归纳，基本上将学界公认的几大类型的国际恐怖主义犯罪都收录其中，并加以阐述。在对恐怖主义犯罪类型进行详细的总结和回顾之后将进入主体部分，即对国际反恐合作机制诸层面的研究和探讨。

国际反恐合作机制包含多个层面。笔者主要从三个层面即政治外交层面、立法合作层面、司法合作层面分别进行探讨。这三个层面的特征和差异是明显的。而每个层面又分为几个子维度：其中主要包括区域性国际合作与普遍性国际合作两个子维度。

政治外交层面具有灵活、普适的优势，然而因缺少固定的法律标准而难以达成国际社会普遍共识，且很容易成为大国出于政治利益而用来进行博弈的手段；由于恐怖主义类型的复杂性，只有通过政治行政手段的灵活性才能从社会根源上把握恐怖主义，运用政治治理的灵活性来消除恐怖主义所赖以滋生的温床，运用具体的社会政策来消除国内民族、宗教矛盾，这是立法和司法层面所鞭长莫及的，而如果着手进行恐怖主义的社会治理就需要首先对恐怖主义的各种类型进行研究和宏观把握，因此在这一层面中，对恐怖主义类型的研究是一个子维度；同时还有另外两个子维度，即区域性国际合作与普遍性国际合作，前者主要指以"上海合作组织"作为平台的中国式参与（及其他区域性国际组织并进行对比），后者主要指联合国框架内的多边外交合作。我们知道，国际组织作为当今国际社会重要的多边外交平台，在协议、磋商、谈判的过程中，是一个有效的对话窗口，因此，在这一部分，笔者将对以国际组织作为平台的多边外交合作做重点分析。

在中国参与的区域性国际组织的反恐合作中，本书将最为重要且颇见成效的上海合作组织的合作机制作为研究重点进行集中探讨。另外，东盟作为东南亚国家对话合作的重要窗口，虽然其一体化程度较低，合作机制流于形式且收效甚微，但是我们仍将对中国在参与东盟合作反恐中的外交政策保持关注，尤其是近年来东南亚国家发生的针对华人的恐怖袭击事件逐年攀升。

立法合作层面主要指通过国际条约和共同宣言的形式来推动国际共识，实现国际合作，这既符合当今和平发展的时代主题，又切合国际法的一般准则和《联合国宪章》的基本精神。国际立法条约包含区域性国际条约和普遍性国际条约，这两个部分就对应着国际立法合作层面的两个子维度——区域性国际合作与普遍性国际合作。由于目前各国（包括中国）刑法在惩治恐怖主义犯罪活动方面起主要作用，因此对刑法特别是中国国内刑法针对反恐方面的相应立法条款也将单独予以阐述，针对中国刑法如何更好地与国际立法相衔接，更好地吸收各国刑法优秀的立法经验做专门论述。

仅仅停留在条约共识的层面而缺少实际行动，缺少落实执行机制，反恐合作仍然只是一纸空文，因此便进入到第三个层面，即国际反恐的司法合作层面。国际司法合作也包括两个子维度：区域性国际合作与普遍性国际合作。前者主要指国家内部的相应司法部门、行政部门与其他国家对应的国内部门，通过双边、多边合作的形式和其他相互协调的形式，有效实现司法协助和司法一体化。其具体形式包括多边引渡合作机制、司法协助机制、刑事程序的移交、被判刑人的移交、对外国判决的承认、对资产的冻结与扣押、情报和法律执行信息的收集与共享、推动区域和次区域的刑事司法合作空间，等等。当然，像欧洲人权法院、美洲人权法院这样的区域性司法机构的司法活动也在区域性合作之列。

谈到普遍性国际司法合作机制，就必然要结合国际司法协助制度如何惩治国际恐怖主义犯罪的具体运作来进行分析。在探讨国际司法协助制度的过程中，本书将列举一些具体的案例，从中发现当前国际司法协助制度存在的一些问题，以及现状中存在的漏洞。特别还要以司法协助几种主要形式中最为重要的引渡合作制度作为主要论述对象，进行详细讨论。

因此，中国国内的反恐立法研究将是本书最终的落脚点，服务于国家利益，服务于国家治理的具体需要，这也是国际问题学者在学术研究中应具有的问题意识和应坚守的政治立场。

由于中国长期以来的政治生态，立法上习惯于将恐怖主义犯罪涵盖在刑法中的危害公共安全罪里面，甚至"恐怖主义犯罪"这一概念，也是改革开放以后在融入全球化进程中的舶来品。中国国内反恐立法所存在的种种局限性是客观存在的，其亟待完善和修改的地方也是国内学者所关注的研究热点。

比如，《中华人民共和国刑法》第八条规定：外国人在中华人民共和国领域外对中华人民共和国国家或者公民犯罪，而按本法规定的最低刑为三年以上有期徒刑的，可以适用本法，但是按照犯罪地的法律不受处罚的除外。如此看来，如果这一犯罪行为按其国籍国的规定最低刑罚在三年以下的则很有可能就不受中国刑法的追究，这对于近年来跨国有组织犯罪以及国际恐怖主义犯罪对中国公民和中国国家安全所造成的侵害就会形成潜在的隐患。中国刑法的这一规定从另一个角度来看也意味着放弃了对一些国际犯罪的司法管辖权。

然而，我们也应当客观地看到中国国内反恐立法经过近些年来的努力所取得的进步；既要明确指出目前国内立法所存在的不足之处，又要客观评价国内立法不断取得的新成就，以此作为视角切入，将使本书更加务实、更加切实地为公共安全的治理提供智力支持。

对于恐怖主义犯罪的定义，国际社会至今尚不能达成一致，因而在面对"什么是恐怖主义"这一问题的时候，各国所采取的态度和措施往往千差万别。典型的定义还有犯罪说、意识形态说、思潮与犯罪双重属性说、特别政治暴力形态说、恐怖体系说、非恐怖统治论、国家恐怖主义论、二元定义论、定义体系论这九种。特别是西方发达国家，出于其大国政治的目的，而对恐怖主义犯罪采用双重标准，并利用恐怖组织作为棋局中的一粒棋子，甚至以反恐战争为借口进入别国领土，干涉别国内政。这些现实问题都为国际反恐合作设置了难以逾越的沟壑。我们谈到国际立法合作，就要谈到反恐条约，因而首要任务就是对什么是恐怖主义进行有效定义。目前对于恐怖主义的定义仅仅散见于各国国内立法，比如各国的刑法和专门性反恐立法中。在国际条约层面，也只是停留在区域性立法条约上，相对成功的有《美洲国家组织关于防止和惩治恐怖主义行为的公约》《欧洲镇压恐怖主义公约》，等等。此外，自 20 世纪末以来，由印度官方和学界首倡，并且由国际法学界一直致力于推动的联合国全面反恐公约长期备受关注，其推动过程可谓暗流涌动。然而由于上述政治原因以及其他客观原因，至今尚在酝酿之中，对于这一问题的推进成为本书的思维盲区。即便在当今国际法学界，这一话题也是被暂时搁置下来。

国际恐怖主义问题研究属于跨学科研究，囊括了政治学、国际关系学、国际法学、刑法学、社会学等诸多学科领域。而目前的研究现状，特别是国内的研究处于各自为政的状态。本书写作的意义在于借鉴各部门研究的核心成果，在反思恐怖主义犯罪现象的基础上，梳理出一条便于宏观的理论把握和微观的个案操作的逻辑主线，同时又要服务于我国的反恐形势和大局，既要力争追寻理论研究的学术性，又不失决策研究的现实可操作性，力图调和国际法内在的二律背反——既有理想主义的设计构想，又有现实主义的切实可行性。

笔者力图超越传统反恐研究成果的千篇一律的历史分析与意识形态教条，试图发现并向读者揭示出在反恐过程中的民主二律背反，其大体的逻辑如下：

一方面，恐怖主义"倒逼"民主。美国学者约翰·奈斯比特曾在其名著《中国大趋势》中诠释中国取得成功的八大支柱之一就是"自下而上和自上而下"的结合。中国改革开放 40 多年以来全社会各方面的成就都不是从上而下的单向政府决策或者说自下而上的草根行为单方面造成的，而是两者结合产生的共振结果。在一个意识形态浓厚的政党体制之下，在一个保守的官僚体制之下，单纯依靠自上而下的改革是不现实的，自下而上的力量才更具现实意义。此即倒逼的力量所在，无论这种倒逼是上层暗示引导，还是下层自发组织的。

国际反恐合作中的立法机制的完善，需要各国真正超越威斯特伐利亚体系的惯性思维，真正从理念上走向后威斯特伐利亚体系，也就是适当超越主权思维，超越民族国家的传统界限。这是全球化时代的大势所趋，换一种角度来看，恐怖主义犯罪又何尝不是以这种极端的形式来解构我们固有的国家体系，倒逼国际社会走向实质联合的呢？

另一方面，反恐容易伤害民主，侵犯公民隐私。一般国际法原则中的一个古老定律——人民的安全是最高法律。因此，国家出于人民安全的考虑，可以在紧急状态下合法地牺牲其他利益和价值诉求。

在政治学所阐述的规律当中，值得引起我们注意的是，民主与公共安全常常具有一定张力，是政治生活中的二律背反。例如在非常时期分散权力、放开公民社会就会为恐怖主义创造活动空间，再例如我们常说媒体是除了立法、司法、行政之外的第四个权力部门，然而媒体在恐怖主义犯罪活动进行之时的被动跟进报道所带来的消极的社会恐慌效应是有目共睹的，这其实正如某些学者所言是在变相地协助恐怖主义犯罪，如果离开了媒体，恐怖主义犯罪也就无法达到其想要的恐吓公众的目的。

如果这一思路能够给反恐带来启发，那么我们就可以避免很多不必要的麻烦。例如"东突"分子热比娅自称是"维吾尔精神的母亲"，中国政府曾经站出来在国内外媒体面前回应说"热比娅不是维吾尔精神的母亲"，结果被国外媒体和别有用心者戏谑为"此地无银三百两"，反而让火势越扑越猛。如果运用一些中国传统文化中老子"治大国若烹小鲜"的道家智慧，相信会在社会治理上取得事半功倍的效果。

辩证分析思维作为马克思主义的世界观和方法论，是我们在分析问题、解决问题过程当中所必须坚守的原则和立场，尤其是作为政策分析和运用的理论依据的时候。对于恐怖主义以及反恐怖主义问题的研究方面，我们随处可以发现这一领域普遍存在着"二律背反"现象，后文中我们将会提到，恐怖主义与民主政治之间有着微妙的互动关系。在全球化范围内，恐怖主义所赖以产生的社会根源往往与政府的腐败、权力的集中、体制的不民主有着因果联系，因此，政府自身的体制转变也是推进反恐合作的重要一环。然而，颇为吊诡的是，过度分散的权力和松散的民主又会为恐怖主义犯罪的发生带来契机。作为民主监督机制中的重要机构，媒体往往是恐怖主义制造恐慌的"帮凶"，而出于"人民的安全是最高的法律"这一法理学中古老的定理，政府有必要在非常时期出于公共安全考虑而强化和集中行政权力。美国便是这样做的。

因此，在反恐过程中，类似这样隐约闪现的"辩证施治"思维方式既体现了马克思主义的辩证分析方法，也暗合了中国传统政治哲学中老子的"治大国若烹小鲜"的朴素辩证唯物主义智慧。

学术界在研究恐怖主义的问题时，因苦于在法理学和国际法方面难以对恐怖主义犯罪进行明确的法学定义，往往转而诉诸历史案例研究，本书把案例研究锁定在实证数据的统计上，而历史分析对于恐怖主义研究最大的贡献在于，从一种恐怖组织产生的历史根源（包括文化、政治、宗教的发展脉络）来发现一种极端思想和暴力行为之所以发生的行为逻辑。如果我们把案例分析视为解剖恐怖主义的横向维度的话，那么历史分析则是要解剖恐怖主义发生发展的纵向维度。

对于恐怖主义而言，案例研究方法尤其重要。由于历史上恐怖主义的类型五花八门，其犯罪目的、行为动机、犯罪特点、手段方式等更是有着巨大差异，学术界至今很难对恐怖主义下一个完整的定义或者达成一致的认知标准。Schmidt 和 Youngman 的《政治恐怖主义》一书就列举了 109 种对恐怖主义的定义。这样的现状就要求我们必须以历史上曾经发生过的具体的恐怖主义事件作为研究基础和出发点，对其进行归纳、总结，从中发现规律、找出办法。

对于法学中的案例研究，准确地说其实往往指的是判例研究。单纯的恐怖主义事件仅仅构成案例研究，在严格意义上甚至仅仅属于历史分析。因此，在案例研究层面，我们必须结合一些重要的具有代表性意义的司法判例，比如在司法判例基础上的比较分析对于惩治国际恐怖主义犯罪的法律机制的完善具有更为清晰的学术意义，笔者试图在行文中体现这些原则。

既然以中国对国际反恐合作的参与为视角，那么反恐历史较为绵长、反恐经验丰富、体制相对完善的一些西方发达国家，也包括俄罗斯这样的近邻，必然对中国有着不可忽视的借鉴意义。特别是各国国内刑法体系的对比和分析，将是完善国际反恐合作机制的必要组成部分，而目前中国国内作为反恐最主要依据的刑法体系，尚有亟待完善和改进的巨大空间。一方面，国内刑法要具有更大的融合性以便在国际反恐立法条约不断推陈出新的情况下将其有效纳入；另一方面，在比较的基础上进行各国司法体系的协调和沟通，将有助于在国际反恐合作中有效展开司法协助和引渡合作。

目前国内的研究现状，特别是在目前的学术体制之下，还难以完全打破学科界限，这也是社会科学各领域所共有的弊病。以问题为导向，而不再以学科为导向，这既是国际学术研究未来的发展趋势，也符合政府与公共部门进行决策的现实需要。

对于恐怖主义新形式的思考需要哲学思维的深度，比如用后现代主义哲学的视角来透视当今恐怖主义表现形式为何愈发超越人类理性，对于恐怖分子的心理状态不能简单地归结为精神分裂的病理行为，而应深刻透视恐怖分子的人格结构。而当今的很多现实政策性研究都是以问题研究为导向，各学科的概念体系不能仅仅为其独有，应打破界限，服务于问题意识。

第 一 章
恐怖主义犯罪行为分析

第一节　恐怖主义的历史与现状

　　"恐怖主义"这一概念最早源于法国大革命，这一点已被学术界所公认。《牛津英语词典》的原文是这样描述恐怖主义的："如同法国 1789—1797 年大革命当权的政党实行的威胁一样。"这一诠释似乎主要是在界定国家恐怖主义。如果说法国大革命时期的恐怖主义根源于权力本身的威慑，那么随着时代的变迁，今天的恐怖主义更多地逐步成为个人与组织的暴力工具，也就是走向了政府权力的对立面。英国学者保罗·威尔金森认为："恐怖主义是政治暴力的特别形式，是迫使有关一方对其要求让步，激起社会的强烈反应。"①

————————————

① 　Paul Wilkson, International Terrorism: New Risks to World Order, in John Baylis, N. J. Rengger ed. *Dienmas of World Politics*, Oxford: Oxford Clarenore Press, pp. 228-229.

现代国际恐怖主义事件在一系列历史学事件中都是不容忽视的。创建于 1974 年的法塔赫革命委员会 1982 年 5 月在英国伦敦刺伤了以色列驻英国大使，这一恐怖袭击事件成为第五次中东战争的导火索。

当今时代，整个世界都开始着手在恐怖主义思想传播的早期阶段进行打击，那些治理能力相对高效的政府尤其如此。2011 年 9 月在美国受到高等教育、被称为"网络本·拉登"的也门恐怖分子安瓦尔·奥拉基被美国军方抓获并处死。

在冷战时期，国际恐怖主义的类型相对单一，数量也未能像今天这样引人注目，只是零零散散地在局部地区偶发。在美苏两国全面对抗的 20 世纪 60 年代，受这一大局的影响，再加上全世界范围内民族解放和独立运动的高涨（即美国学者亨廷顿所说的民主运动的"第二波"），恐怖主义事件的爆发相对集中，但是仍然以政治型恐怖主义为主，尤其是极左型政治恐怖主义。

如果说冷战以前的恐怖主义以政治诉求型恐怖主义为主流，那么冷战结束后，恐怖主义不仅类型趋于多元化，而且其犯罪动机也趋于复杂化。换句话说，冷战以后的恐怖主义犯罪，不再单纯以某种政治诉求为动机和目的，尤其进入 21 世纪，随着全球化程度的不断加深，以及跨国有组织犯罪、贩毒、走私等诸多重大国际犯罪与恐怖主义犯罪的"合流"，使得恐怖主义往往模糊地混合了政治动机和经济利益方面的考量。比如某些国家的黑社会型恐怖主义组织，同时从事毒品交易和暴力恐怖活动，很难说它是为了恐怖活动而筹措资金，还是通过暴力来为非法经济利益开路。表 1-1 为四次恐怖主义浪潮的比较。

上海社会科学院的余建华老师认为，现代国际性恐怖主义在 1968 年达到历时性新高。① 1968—1975 年国际性恐怖主义犯罪共发生过 913 起，包括 123 起绑架事件、31 起人质劫持事件、59 起

---

① 张家栋：《美国反恐怖战略调整及其对中国的影响》，时事出版社 2013 年版，第 44 页。

纵火事件、48 起暗杀事件。①

表 1-1 四次恐怖主义浪潮的比较②

	动力来源	持续时间	主要手段	主要目标
第一次	无政府主义	30~40 年	暗杀	官员
第二次	反殖民主义	40 年	爆炸、暗杀	军事、平民
第三次	意识形态	30 年	劫机、绑架、暗杀	官员、平民
第四次	宗教极端主义	进行中	自杀式袭击	平民

国际恐怖主义犯罪受制于国际政治格局大环境的影响已是常识，各种不同类型的恐怖主义犯罪程度或许有所差别，比如宗教极端型恐怖主义主要是在冷战结束以后才渐渐开始凸显并展露于国际舞台，而另外一个影响力相对较弱的极左型恐怖主义，在 20 世纪90 年代冷战结束前后悄然无息地退出了历史舞台。个中缘由也不难理解，或许福山的《历史的终结》可以歪打正着又恰如其分地指代极左型恐怖主义的终结，但却不是福山原本所要表达的那个意思。表 1-2 为按照袭击目标来划分的恐怖事件数量表。

表 1-2 按照袭击目标来划分的恐怖事件数量表 1968.1.1—2005.7.30③

目标	袭击事件	受伤人数	死亡人数
女权主义者	5	2	2
机场和航班	805	2735	2359
商人	3258	9734	4933

① Chalmers Johnson, Perspective on Terrorism, in Walter Laquer ed., *The Terrorism Reader: A History Anthology*, Ontario: Ontario Press, 1978, p. 20.

② 张家栋：《恐怖主义与反恐怖》，上海人民出版社 2012 年版，第 54 页。

③ Jeffrey Ian Ross, *Politics Terrorism*, New York: Peter Lang Publishing, Inc, 2006, p. 57.

续表

目标	袭击事件	受伤人数	死亡人数
外交人员	2620	8413	1273
教育机构	416	1349	475
食物或水的供应	9	5	0
政府机构	3312	7301	3456
记者和媒体	483	221	181
海事	134	263	130
军事	798	4362	1450
非政府组织	286	256	264
警察	1457	4963	2822
无辜平民	3831	13885	5714
宗教人物或机构	762	4927	1662
电信	121	73	35
另一派恐怖分子	216	513	402
游客	244	1495	585
交通	896	11688	1936
公用设施	699	336	196
总计	22457	75605	29642

第二节 恐怖主义犯罪的内涵属性

如果说早期的传统恐怖主义犯罪的定义以政治目标为基本前提条件，那么今天随着恐怖主义及其变体的不断衍生发展，学术界逐渐形成一种趋势，即淡化这一条件限定，将所有的社会暴力事件都归入到恐怖主义的范畴中去。此外，当代恐怖主义犯罪的政治诉求越来越不明确，而早期恐怖主义犯罪的经济利益目标也更加难以捉摸。

如果说，早期恐怖主义犯罪多以具有政治象征性的政治领袖、公众人物作为袭击暗杀对象，那么今天的恐怖主义越来越以无辜的平凡大众作为袭击对象，即袭击目标具有不确定性和随意性。这一种趋势从 20 世纪 90 年代以来变得越来越明显。

一、恐怖主义的反人类性

对于恐怖主义发展的新趋势，学术界普遍认为，从传统的高度政治学逐步走向低政治性、去政治化，进而社会化、碎片化，为恐怖主义赋予了新的内涵。今天的社会突发事件，逐步消解了其政治目标，不再具有明确的政治诉求，也没有明确的推翻现政权的意味，而纯属社会性、群体性事件。其直接目的是发泄对社会的不满，或曰"泄愤"。如果说恐怖主义发展的过程中有两极，那么一极是政治性与国家安全，另一极则是社会性与社会公共安全。

恐怖主义具有自我扩张与自我繁殖的本能，并且随着全球化与反全球化之间矛盾的愈演愈烈，恐怖主义通过不断衍生的新手段有可能会无孔不入地渗透到国际社会的每一个角落。正如胡联合在《当代世界恐怖主义与对策》中指出的："今天恐怖分子打击的目标范围实际上是没有任何限制的，受限制的只是恐怖分子的想象力和其所能够获得的武器。"①

此外，全球化时代新型科学技术的推陈出新，为恐怖主义提供了更多便利的手段。1995 年发生在日本东京的地铁沙林毒气事件和 2000 年 1 月美国的"炭疽邮件"事件，以及"9·11"事件之后恐怖分子又一次进行炭疽攻击的事实表明，恐怖主义分子使用生化武器进行恐怖主义袭击的现实可能性已毋庸置疑。②

反恐的国际合作之所以有其必要性，不仅因为犯罪行为的跨国

---

①　胡联合：《当代世界恐怖主义与对策》，东方出版社 2001 年版，第 408 页。

②　马长生：《国际公约与刑法若干问题研究》，北京大学出版社 2004 年版，第 319 页。

性，还因为犯罪主体往往是单一(同质性)的跨境民族，或者同一组织的跨境分工，甚或不同组织之间的跨国协同合作的特点。有大量翔实的资料确认，中国新疆"东突"势力曾接受基地组织、阿富汗塔利班政权以及"乌伊运"分子的资助。此外，菲律宾阿布沙耶夫组织、索马里伊斯兰法院联盟也接受过"基地"组织在资金、情报方面的支持，彼此之间还互派人员进行培训交流。

当代国际恐怖主义的一个主要特征就是资金来源渠道的多样化和具有庞大的经济后盾，不仅有包括走私、贩毒、跨国有组织犯罪等上文所提到的相关犯罪形式的互相补充，而且很多社会精英人士的私人捐赠也日益成为恐怖组织重要的资金来源之一。

大多数恐怖主义组织都公开承认自己的所作所为，这主要是出于其以制造公众恐慌为手段的犯罪特点，仅有少数恐怖组织由于其组织自身的极端隐蔽性而不愿公开身份，即使是在恐怖犯罪之后。当今恐怖主义犯罪还有一点不同于以往传统恐怖主义犯罪，就是"以往恐怖组织制造恐怖事件后，立即公开声明对此事负责，以期引起社会关注和民众恐惧，而今为避免遭到政府打击，有些恐怖组织在肇事后保持沉默"①。

定义敌人的同时无意中就在树立敌人，这不仅是由于任何一国都不希望与和自己没有直接利害关系的国际恐怖主义犯罪扯上关系，还有一个颇为棘手的现实就是，恐怖组织为了寻求并扩大自身生存的土壤，必然要进行世俗化的自我包装，获取群众基础，这是任何一个政府都会头疼的问题。当然，除非是恐怖组织在使用极端暴虐的手段执行目标的时候，任何有良知的群众都会表示愤慨和谴责。然而在一个恐怖组织方兴未艾，正处在筹划酝酿之中的时候，甚或其改头换面，以看似"和平"的手段潜移默化地笼络人心的时候，一般不知情的无辜大众便会被利用、被欺骗。这里面有两种情况，一是恐怖组织蛊惑人心、混淆视听的煽动骗取了群众在思想上的认可(以邪教恐怖主义为典型代表)；二是恐怖组织利用贫困地

---

① 卢建平：《有组织犯罪比较研究》，法律出版社2004年版，第303~304页。

区、贫困人口中迫于生计而无奈进入恐怖组织、成为恐怖分子一员的受骗群众。这些恐怖组织具有严密的组织管理方法，一旦加入，就终生难以脱身了，悔之晚矣。有些学者称这一现象为恐怖主义发展的草根化趋势，这也是其社会性的表象之一。

二、恐怖主义的国际性及其对国家主权的侵害

国内恐怖主义如何转化为国际恐怖主义？或说恐怖主义如何才算具有了国际性？对此，国际上有不同的解释。

在国家专门性反恐立法当中，典型的例如《俄联邦反恐怖主义法》，它指出，国际恐怖主义分为三类：①恐怖分子或恐怖组织的活动在一个以上的国家进行，或者给一个以上的国家的利益造成损失；②由一个国家的公民针对另一个国家的公民实施，或在另一个国家的领土上实施；③恐怖主义犯罪的受害者是同一个或不同国家的公民，但恐怖活动是在这些国家之外进行的。① 英国学者威尔金森指出，当恐怖主义超出国界或者被用来反对恐怖分子所在国境内的外国目标时，恐怖主义就具有了国际性。②

恐怖主义犯罪行为可能在一国策划而后在另一国发生，却有可能同时对第三国造成侵害事实和后果，因此恐怖主义犯罪的国际性使对恐怖主义行为的预防、管辖和惩治成为困难，对国际社会的全球治理也形成重大考验。

对于如何界定恐怖主义犯罪的"国际性"，美国曾有过其独特见解。其在向联合国反恐怖主义特设委员会呈递的《防止和惩治国际恐怖主义公约草案》中指出：在犯罪分子国籍国、罪行发生地国、犯罪结果地国、犯罪受害国或对象国、受害人所属国这五个因素中，只要犯罪行为波及了两个或者两个以上的国家，便可以认定该恐怖主义犯罪具备了"国际性"，即属于严格意义上的"国际恐怖

---

① 中国现代国际关系研究院反恐研究中心：《各国及联合国反恐怖主义法律法规汇编》，时事出版社 2002 年版，第 84 页。

② 王逸舟：《恐怖主义溯源》，社会科学文献出版社 2002 年版，第 44 页。

主义犯罪行为"①。这也是一个引起广泛关注和研究的定义。

恐怖主义犯罪由于超越了传统的国家边界，往往使相关国家的主权成为真空地带，也使得相关国家的内部治理显得鞭长莫及。恐怖分子在从事恐怖袭击之后通过犯罪组织的彼此呼应又能够以多种方式偷逃出境，从而在双边合作与多边合作的法律机制尚未完善的国家拥有了很大的生存空间。这样一种态势严重削弱了国家主权的公信力和实际治理成效，构成了恐怖主义犯罪主要的犯罪危害性。

三、当今恐怖主义发展的新形态——个体恐怖主义

如果说暴力行为的概念谱系中包括了从个体暴力行为到群体暴力行为的两极，那么传统的战争行为对应着走向极致的群体暴力，而当今的恐怖主义则对应着走向极致的个体暴力行为。

近年来国外有学者提出"独狼行动"的概念来指称某种形式的个体恐怖主义。"独狼行动"被用来指称那些以个体或者小团体作为犯罪主体，以政治的、宗教的甚或经济利益的动机及犯罪目的的暴力恐怖主义行为。此种类型的恐怖主义也许只有一个人在全程进行策划实施，但是其所造成的对社会公共安全的破坏性后果可能是极其严重的。很多反恐专家分析指出，2014 年 3 月 8 日马航 MH370 失联之后的一系列现象以及种种迹象表明，马航失联事件十分符合"独狼行动"式恐怖主义特征。

今天的恐怖主义犯罪行为有一种趋势，即越来越与群体性事件或泄愤事件接近。在文艺批判理论和社会学理论中，后现代主义理论看到的是一个碎片化的社会，一个以微观话语替代宏大叙事的社会，一个被解构了的社会。恐怖分子的极端反人类的行为，是对人类理性的一种嘲讽。恐怖分子以"瞬间的辉煌"解构了人类社会发展至今许多的文明成果和积累的社会财富。本·拉登死后恐怖主义组织已经被分散瓦解，但是这并不代表恐怖主义最终被消灭，它就像一种毒瘤、一种病毒，它让所有不满于社会现状的个体走向极端

---

① Robrt A. Friedland, Reflections on Terrorist Havens, in *68 Readings International Law from the Naval War College Review*, 2002, p. 378.

性质的毁灭行为，即使这种行为可能有时候只来自一个孤立的个人。

第三节　恐怖主义问题的社会根源

恐怖主义犯罪往往产生于相同的思想根源和社会根源，即恐怖分子往往先是受到恐怖主义意识形态思想的传播渗透，进而人格、心灵都被催眠。可以推断，恐怖主义思想毒瘤的破坏力通过衍生效应而不断繁殖。

俄罗斯联邦反恐委员会的主要任务之一即是研究恐怖主义所赖以滋生的根源。这一点对于中国的反恐机构职能的设置具有重要的借鉴意义。我们必须看到，对恐怖主义产生根源问题的认识和研究，以及最终将其消除，是反恐机构重要的职能之一，也是反恐行动本身不可或缺的一个环节。如果单纯治标而不去治本，反恐将收效甚微、事倍功半。理论研究与行政、司法机构在实际执行中的效力是密不可分的。

当然，社会根源的客观存在不能为恐怖主义的反人类暴行和残忍手段进行开脱，世界各国以及以联合国为代表的各种国际组织一致认为，恐怖主义是全人类共同的敌人。某些西方国家实行双重标准，即认为一些人眼中的恐怖分子是另一些人眼中的自由主义战士，对别国国内发生的恐怖主义暴行通过各种形式暗中予以支持，包括言论上的支持，这对于有效防范和打击恐怖主义是非常有害的。

出于国际引渡合作的需要，有必要在国际和各国国内立法上对恐怖主义犯罪目的和犯罪动机予以界定。由于恐怖主义犯罪目的带有一定的政治性(尽管不属于政治犯罪)，应该从政治学和社会学根源上进行研究和治理。而在立法层面上，只有抓住其犯罪的行为要素，才能易于达成国际共识，有利于推动国际反恐立法和司法合作。因此，我国刑法今后的完善和细化，应更多着眼于恐怖主义犯罪类型、行为特征、所侵害的客体等方面的界定，而非犯罪目的和动机。

如果说 20 世纪七八十年代大部分恐怖主义组织只基于有限的政治动机，利用袭击、杀人事件引起人们的注意，那么 20 世纪 90 年代以来，随着冷战的结束和社会分裂的加剧以及非政治学导源因素的增多，恐怖分子追求的目标已在悄悄变化。现在从事恐怖主义犯罪的犯罪组织已突破传统的对政治目标的追求，出现了动机复杂化的现象。有的恐怖主义组织实施恐怖主义犯罪的动机就是为了谋取非法利益，如从事毒品交易的黑社会型恐怖组织。①

故此，跨国有组织犯罪研究与恐怖主义犯罪研究绝不仅仅是由于犯罪性质的关联性或上游犯罪的因果联系而产生的学术必要性，而毋宁说，跨国有组织犯罪与恐怖主义犯罪就是一体之两面，两者之交集甚广。国内刑法学界的主流观点认为，跨国有组织犯罪的犯罪动机必须是出于经济利益，而恐怖主义犯罪由于其政治动机，故不属于跨国有组织犯罪的概念范畴。本书对这一观点持保留态度。

在可供查找的史料中，学术界发现近代国际反恐合作肇始于 1934 年南斯拉夫国王亚历山大一世在法国马赛遭遇的暗杀事件。反观这次暗杀事件，由于早期国际法律机制的不完善，国际社会在合作中表现出了一定的局限性，例如对暗杀者给予政治庇护的意大利，由于考虑到其政治动机，而将此事定性为政治犯罪并拒绝进行引渡合作。

在今天，国际社会已经认识到，恐怖主义由于其手段的残暴和违反人类良知的卑劣本性，而被国际条约或立法排除在政治犯罪之外。同时国际反恐立法在对恐怖主义定罪方面，也不考虑其行为的动机和目的，而只以其犯罪行为来定性。事实上，恐怖主义的动机和目的千差万别，根本无法以此来把握恐怖主义共同的本质属性。

在恐怖主义的众多类型中，大部分往往表现出反全球化的特点。换句话说，恐怖主义多以反全球化为己任。这一现象值得政策制定者和国际安全方面的学者深刻反思。我们是应该完全开放地去拥抱全球化，还是应该谨慎地审视全球化所带来的利与弊？今天恐

----

① 古丽阿扎提·吐尔逊：《中亚恐怖主义犯罪研究》，中国人民公安大学出版社 2009 年版，第 35 页。

怖主义比较集中的热点地区，比如中亚、南亚、东欧等地区，往往都是在全球化进程中相对贫穷的国家。这些现象充分说明了全球化作为一把"双刃剑"所带来的不公正、不平等，以及不同国家之间贫富差距不断拉大这一事实的存在。

恐怖主义是世界范围内政治、经济、社会发展不平衡的产物，这一点恐怕已成定论，而如何改革这种国际政治经济秩序，重新反思"霸权稳定论"，更好地消除恐怖主义赖以滋生的土壤，才是需要我们思考的问题。

当然，按照马克思主义理论，什么样的世界观就决定什么样的方法论。学术界怎样看待和分析恐怖主义问题的根源，就意味着在政策制定和治理机制上采取什么样的战略战术。

2010 年 12 月 17 日，突尼斯一位 26 岁的年轻人穆罕默德·布瓦吉吉因经济不景气而无法找到工作，在家庭经济负担的重压下，他在街头摆摊做小贩，其间遭受到城管的粗暴执法，最终以自焚的方式进行抗议，后因伤势过重而不治身亡。这次发生在突尼斯的自焚事件是整个"阿拉伯之春"运动的导火索，最终导致四个国家的政权垮台。虽然这一自焚事件算不上恐怖主义，但是类似这样的社会事件，其行为动机和行为特征与恐怖主义只有一步之遥，很容易继续发展而进一步演化为恐怖主义犯罪。如果作为治理主体的政府不注意塑造一种公平有序的社会氛围，从根源上解决问题，而等待恐怖主义事件爆发出来再去治理，这样势必会增加社会治理成本，由主动变为被动。"千里之堤毁于蚁穴"，防患于未然、未雨绸缪，才是治理之道。

正如德国学者桑巴特所言："所有文明国家都认为战争在当今主要是扩充或保护其物质文化财产的工具。军队取得了保安警察地位。"①而对外侵略一旦成为常态，则国际恐怖主义（尤其民族分裂型、宗教极端型等具有明确政治意识形态的恐怖主义）会相应地成为常态的伴生物。

---

① ［德］桑巴特：《德意志社会主义》，上海译文出版社 2010 年版，第 27 页。

"民族间的斗争正好与内部的阶级斗争符合；后者以罢工为顶点行动，而前者则在于战争"①。前后二者结合起来便成为恐怖主义，或者是国内的或者是国际的，就如同个体社会突发事件与战争是政治暴力行为的两极。恐怖主义概念演化至今，已经囊括了暴力行为谱系中几乎所有的色调。这也符合马克思主义的政治世界观，从另一个角度来阐释国际恐怖主义的根源，即国际政治经济格局的不平等。

一国的外交政策也是诱发和间接导致国际恐怖主义犯罪的重要因素，这对于美国尤其如此。俄罗斯学者伊瓦绍夫指出，冷战以后，美国成为一个把地球上所有资源都认为是自己利益范围的国家，力图控制整个当代世界，其军事工具仅为其利益服务，把自己的价值观和世界观强加于别国，按统治与被统治的逻辑塑造国际体系，蔑视国际法准则。

然而，这只是道出了纷繁复杂的国际恐怖主义的一个支流而已。每个国家面临着不同类型的恐怖主义，而恐怖主义的目标、手段也在不断衍生，其碎片化趋势已越来越明显。欧洲国家的对外政策整体上呈现温和、相对中立的特点，因而受到的国际恐怖主义侵害也相对不如美国那样严重。其中的原因，除了欧洲国家对外政策的特点外，还有欧洲的恐怖主义多以政治意识形态型为主，这种意识形态型恐怖主义主要以明确的政治诉求为行动目标，易于达成妥协，而且活动范围基本限于一国国内，不太容易波及其他国家而演化成国际恐怖主义。而美国和今天的中国所受到的宗教极端主义类型的恐怖主义袭击却更加极端和疯狂，破坏性也更大。

在联合国 2014 年 9 月 24 日发布 2178 号决议之后，潘基文针对该项决议说道："从长期来看，对于恐怖主义的最大威胁不是导弹的力量，而是政治的包容，是和平的社会以及对人权的尊重；是教育、就业和真正的机会；是领导人愿意倾听自己人民的心声和坚持法制。"他指出，导弹可以杀死恐怖主义分子，但良政可以消灭

---

① ［德］桑巴特：《德意志社会主义》，上海译文出版社 2010 年版，第 54 页。

恐怖主义，不受压迫和占领的自由和独立的社会可以消灭恐怖主义……反恐行动和政策必须符合《联合国宪章》原则。①

如果说恐怖组织是政治环境塑造的，那么作为个体的恐怖分子则只能从社会学意义上去理解。

法国学者 Walter Laqueur 曾经对 19 世纪法国恐怖分子进行过社会学意义上的分类研究，总结出 11 大类群体趋向于成为恐怖分子，其中包括罪犯、强盗、无能者、失意者、学生、工人阶级、头脑简单者、轻信而受骗者、真正的信徒、永不知足者、政治难民。②

当然，这样的分类在我们今天看来远远不能全面概括恐怖主义生命力顽强的所有理由。今天的恐怖主义发展得更为复杂。很多恐怖组织的领导核心是知识精英和家庭富庶者。比如本·拉登就属于后者。

现代科技的发展与恐怖主义的生产空间具有密切联系。这是从几个层面来讲的。首先恐怖主义犯罪可以利用现代科技作为手段（典型例子如网络恐怖主义），反过来对于每一种新的暴力手段，反恐侦查都需要更先进的技术，就如同情报学中的侦查与反侦查所体现的辩证关系；从另外一个间接的层面来讲，这里要借用现代西方政治学理论，现代科技可以与非民主的保守主义政治共栖，甚至有利于后者的发展。因为现代科技可以替代法治（非"法制"）作为维持现存社会秩序的工具，比如公民个人身份信息的电子化、网络化，行政办公的电子化，而科技信息化工具的成本是远远低于作为维持社会秩序的法治工具的。并且，法治是任何非民主政体所天生拒斥的。从而再一次论证了我们上文提过的，政治生态的落后与不民主为恐怖主义的滋生提供了土壤。

说到这里，很多学者会立即反驳：频繁遭受恐怖主义袭击的美国以及一些欧洲国家不都是自称民主制度与先进政体的典范吗？对

---

①　人民网：《联合国安理会一致通过反恐新决议》，http://world. people. com. cn/n/2014/0925/c1002-25733165. html，2014-09-25。

②　Walter Laqueur, *The Age of Terrorism*, London：I. B. Little Brown and Company, 1987, p. 44.

此，笔者的思考有如下几点：

首先，从全球范围来看，无论遭受恐怖主义袭击的规模还是伤亡人数，亚洲的伊斯兰国家和地区都是绝对的重灾区。仅从中国新疆地区来看，几乎每一次暴恐事件发生后，伤亡最严重的都是无辜的维吾尔族同胞。在中国内地繁荣稳定的大好局面之下，如何改革发展作为亚文化群体的少数民族地区的政治生态，推动其健全法制进程成为重中之重。

其次，当今恐怖主义犯罪基本呈现国际化、跨国化发展趋势。纵观近十年来的国际恐怖主义犯罪，无不皆是先产生、壮大于非民主、非法治的一些相对落后的亚洲发展中国家或地区，然后又把这种贫困不发达归结为发达国家或地区的剥削压迫，从而以之为袭击目标。从另一个方面来讲，美国也是一些恐怖组织早期的支持者，甚至直接参与策划恐怖活动。其实美国外交政策也是本着一种实用主义的态度来利用发展中国家贫困落后的政治社会生态。

纵观各国的社会暴力突发事件，犯罪者大多生长在贫困落后地区，这里不能单单归结为犯罪者受教育程度低，社会严重不平等和贫富差距过大是任何极端暴力事件的最终根源，教育资源的不平等也是其中的表现之一。恐怖主义亦不例外。"对于某些人来说，恐怖主义意味着直接或间接地让被劫持者品尝恐怖主义噩梦，而对于另一些人来说，恐怖主义则意味着通过其行为导致人们每天与身体、精神和金融障碍作斗争"①。

恐怖主义威胁着整个人类文明。恐怖主义所赖以滋生的根源除了我们上文提到的国际政治经济格局的巨大不平等，还有一个方面就是亨廷顿所谓的"文明冲突论"。苏联解体和东欧剧变之后，美国学者弗朗西斯·福山曾贸然断言"意识形态的终结"，得到众多粉丝的追捧。直至若干年后美国"9·11"事件发生，容易健忘的人们才重新认真审视亨廷顿的"文明冲突论"。亨廷顿断言未来世界

---

① Michard Allan, *Terrorism*, *Extradition and International Sanctions*, Symposium on Terrorism and Security Aboard International Airlines, *Albany Law Journal of Science and Technology*, 1993, p. 14.

的冲突主要是不同文明之间的碰撞，这一理论对于我们注重实证研究的国际法学科来说，能否完全接受还有待商榷。然而其犀利的批判视角却不得不令学界反思。今天且不说伊斯兰激进组织和极端势力对西方文明的仇视，即便是一些国家内部的民族分裂型恐怖主义又何尝不是一种亚文化群体的非常态利益诉求?! 文明、文化甚至亚文化之间的阻隔和缺少沟通，不仅在宏观上制造着"文明世界"与"不文明世界"的粗暴划分，也在具体的日常生活中造成种族仇恨和群体暴力，这一切都成为恐怖主义犯罪的一个缩影。更令人忧虑的是，恐怖主义犯罪反过来又会造成一国政治生态的焦灼状态，令人人自危，恐怖气氛弥漫，甚至这种紧张态势也会扩散到国际关系当中，给整个世界蒙上阴影。恐怖主义犯罪所催生的这种恶性循环绝非危言耸听。

2014 年 5 月发生在尼日利亚的"博科圣地"（已被美国官方认定为恐怖组织）绑架女学生事件，其起因是作为伊斯兰激进组织的"博科圣地"坚决反对现代西方式的教育体系，认为西方式教育提倡世俗化，而世俗化是其信仰的天然仇敌。一群无辜的在校女学生因为接受了这种西方式的教育而成为"博科圣地"的袭击目标和牺牲品。在这一事件中，究竟体现了东方伊斯兰文明与西方文明之间的冲突还是传统与现代的文明断层? 恐怕难以简单划分。

今天"公共外交"之所以成为学术界的热门话题，其主要原因就在于国际社会急需彼此之间的沟通交流，不仅仅是来自官方层面的，更为重要的是来自民间层面的，这样才可以带动不同文化、文明之间的良性互动，使之在理解、互信的基础上进行国际合作。可见，"公共外交"对于消除恐怖主义思想的毒瘤有一定作用。

第二章

国际反恐合作的一般法律机制

　　对任何一种社会冲突进行有效治理，都必须依赖常态化的机制。"机制"作为一种规则、一种广义的"法"，是客观存在的。然而对"机制"这一概念进行认知和意识形态化的判定则会产生很大的主观性，反过来又会影响机制自身的发展演变。在传统的威斯特伐利亚体系下，主权国家内部所具有的已然形成稳固模式的常态化机制能够应对传统的政治暴力行为和一般刑事犯罪行为。然而在全球化时代的今天，主权国家界限的模糊以及国际恐怖主义犯罪的跨国性日益凸显，使我们意识到全球治理的时代已然来临。在联合国框架内，几乎每年都有大量国际反恐法律文件得以制定，从而在反恐公约的基础上开展有效的国际合作，逐渐形成常态化的合作机制。对恐怖主义犯罪进行全球治理，没有固有模式，也没有既定道路可走。只有国与国之间在已有的条约法律机制的基础上继续发掘和完善机制本身，让机制从"自在"发展到"自为"，从"软法"发展到"硬法"，从隐形规范发展到显性规范，才可以说国际反恐合作的一般法律机制取得了阶段性成效。

第一节　国际反恐合作机制概述

全球化时代，非国家行为主体的犯罪组织已经成为国际恐怖主义犯罪的重要形态。以往国际安全惯性思维中的国与国之间的零和博弈建构的安全困境已不完全符合今天的现实，当今的国际安全需要共同安全观、整体安全观来抵御国际恐怖主义犯罪。"在各种复杂的安全问题交织在一起的世界里，安全关系是双赢甚至是多赢的状态。一国的安全能够给别的国家带来安全，而一国的动荡与混乱，则将危及别国。"①

在国际安全合作的过程中，对于机制的关注是十分有必要的。外交学院的夏丽萍老师在其关于领事保护的研究中就对机制的定义进行了详细的论述，而本书则将国际机制放在一个更为宏观的广义的视域中去阐述。张家栋在《美国反恐怖战略调整及其对中国的影响》一书前言中指出，在参与国际反恐方面，"中国一方面要防止由于美国反恐战略收缩而可能导致的恐怖主义回潮，另一方面也要防止因为更多地参与国际反恐合作而导致的恐怖主义祸水东引到中国身上，同时也要避免美国和欧洲国家在反恐领域转嫁责任的企图"。

国与国之间不同的外交文化影响着两国之间的交往与合作的正常化、机制化。以中美两国为例，中国的官员在退出岗位之后仍然能够以其特有的威信影响着政局走势；而美国的官员在退休之后就只能代表民间和个人发挥政治余热。在基辛格退出政坛多年之后，中国对他的来访仍然采用官方礼节，而反过来中国的"隐退"官员访美就没有这种待遇了。从这个细节就能体现出在国际交往中由于不同的政治生态而带来的合作机制的不对称性。②

---

① 苏浩：《从哑铃到橄榄：亚太合作安全研究》，世界知识出版社 2003 年版，第 12 页。

② ［美］罗伯特·杰维斯：《国际关系中的知觉与错误知觉》，秦亚青译，世界知识出版社 2013 年版，第 250 页。

　　让反恐走上法治化轨道势在必行。当前各国参与反恐实践过程中，普遍存在双重标准，有的国家阳奉阴违，表面打击恐怖主义，暗中则支持、资助恐怖组织的行动。正如国际社会以往所看到的那样，一些人眼中的恐怖主义者可能是另一些人眼中的自由主义战士。为避免这种政治双重标准，推动国际社会就反恐达成共识，有必要在各国国内和国际两个层面完善反恐立法。

　　在国际法律渊源的追溯方面，文明国度所一贯认可和通行的法律原则往往成为制定国际法律体系的基本依据。当然，在以部分西方发达国家主导的国际体系中，文明国度往往意味着西方文化传统。但是不可否认的是，这样一种国际现状就意味着需要对不同的国内法律制度，尤其是各国国内刑法以及专门反恐法进行考察。对于那些具有典型代表性意义的国家的刑事司法制度，应当引起关注，并在详尽的考察基础之上制定国际反恐立法。同时，各国国内的司法实践往往通过一定的政治、外交行为体现出来，因此各国在反恐实践中的政治、外交行为同样影响着国际反恐立法的演进。

　　在目前各国对恐怖主义犯罪的认识存在分歧的情况下，可以先由联合国大会通过或宣布一项建设性的决议、宣言，或请求国际法院发表一个有关咨询意见，这种"软性立法"的形式作为舆论导向为认定恐怖主义犯罪提供某种标准，从而为以后的共识打下基础。①

　　如果没有一个普遍认可的对于恐怖主义犯罪的国际共识，那么要做出反恐战略决策和法律制度安排实在是困难至极。② 虽然北大法学院的白桂梅教授反对这一看法，但是缺少一个有效的反恐共识至少会导致这样两个极端的国际政治现象：一个极端是在缺乏共识的情况下无法开展有效的合作，从而在国际反恐合作机制上无法取

---

　　① 张旭、金玲玲：《国际恐怖主义犯罪再探》，参见赵秉志《当代国际刑法的理论与实践》，吉林人民出版社 2001 年版，第 296、298 页。

　　② Tyler Raimo, Winning at the Expense of Law: The Ramificaitions of Expanding Counter-terrorism Law Enforcement Jurisdiction Overseas, *American University International Law Review*, 1999, Vol. 14, p. 1485.

得成效；另一个极端就是某些大国利用这一国际法律机制的缺席，来擅自单边地诉诸自身的武力行为，肆意将不符合自身利益的敌对国家或组织认定为恐怖主义，从而践踏国际法基本准则，搞强权政治。

因此，各国在开创对恐怖主义犯罪的"非政治化"进程时，尽可能地先不去探究恐怖主义的定义，而是以列举的方式指出应予以共同打击的恐怖主义犯罪的罪状。①

法制是一种文化、一种传统、一种历史遗产。深厚的法制基础是一国宝贵的财富，它有利于开展有效的对外交往和国际合作。因此每一个国家都应该珍视这种作为传统的法制文化并注重加以正确引导。而作为范例，应引起注意的是中亚落后的法制建设严重阻碍了区域反恐合作机制的进程。尽管有上海合作组织的宏观法律框架，但该地区各国更习惯运用法律框架之外的非规范行政方式处理问题。比如不通过正式引渡合作方式而通过变相引渡来实施合作。短期来看，灵活的方式可以解决一些眼前的问题，但是这无形中增加了沟通成本，而长期的规范的合作唯有走上法制化轨道才是大势所趋。

"可适用法律的不确定性恰恰给国际刑法内容增添了不确定性。"②由于恐怖主义内涵以及外延的政治含混性，必然使其可适用之法律随之难以准确厘清，因而这将成为国际反恐立法的一个主要障碍和考验。

国际恐怖主义犯罪往往具有较长的犯罪链条，这是由其跨国犯罪的属性决定的，尤其像国家恐怖主义犯罪这一类型，牵涉到更为复杂的犯罪主体，因此在国际立法中明确对主体的界定便显得尤为重要。如《国际刑事法院规约》第二十二条规定"法无明文规定不为罪"，通过对犯罪行为的管辖权，来明确犯罪主体受该法条约束，即"只有当某人有关行为在发生时构成本法院管辖权内的犯罪，此人方根据本规约负刑事责任"。此外，该法条还严格限定了对于犯

---

① 黄风：《引渡制度》（增订本），法律出版社 1997 年版，第 185 页。
② ［美］巴西奥尼：《国际刑法导论》，法律出版社 2006 年版，第 194 页。

罪主体方面的适用范围，从而排除了主观判断。"犯罪定义应予以严格解释，不得类推延伸。涵义不明时，对定义作出的解释应有利于被调查、被起诉或被定罪的人"。

学术界发现，《国际刑事法院规约》第二篇第六条所涉及的灭绝种族罪、第七条所涉及的危害人类罪，以及第八条所涉及的战争罪之法律要件彼此之间存在重合，该问题至今没有得到解决。然而，应该说，今天对恐怖主义犯罪进行概念界定，制定国际反恐公约，必然再一次面对这个问题。

在国内司法管辖体系当中，相关法律条文如果含混不清，可以由司法部门出台司法解释作为有效的补充，然而在国际法律条文出现类似问题的时候，谁又有资格来进行阐释呢？

前南斯拉夫问题国际刑事法庭、卢旺达问题国际刑事法庭、国际刑事法院之所以在历史上扮演过相当于安理会附属机构的角色，行使了一些高于国家内部刑事司法管辖的权力，其原因在于这些机构是本着《联合国宪章》第七章内容所体现的基本原则精神建立的。①《联合国宪章》第七章规定：安全理事会应断定任何和平之威胁、和平之破坏或侵略之行为是否存在……以维持或恢复国际和平及安全。从这里可以看出，对于国际社会所遭受的安全威胁，由安理会来做出单一定性，避免双重标准，是十分有必要的。

以国际组织为平台开展的多边合作应该归属于政治外交层面的合作还是法律层面的合作？我们难以硬性地划分。国际组织是各国进行政治对话、达成共识的重要途径，也是确立国际法共识、制定国际条约的重要造法机构。美国学者阿尔瓦雷茨的专著《作为造法者的国际组织》在这方面做了详细论述。实际上，两种层面的合作是同时进行的，在就国际组织为平台开展的国际反恐合作进行论述的过程中，应该在学理上分别从政治外交和立法两个层面来进行。"从法学角度来解释，国际组织是国家间进行多边合作的一种法律形式……是若干国家、政府为特定目的、以条约建立的

---

① 国际刑事法院由于根据国际条约建立，其管辖权限会有些限制。

各种常设机构"①。

很多国际组织自身内部便设有专门的行政法庭,但是往往将管辖范围限于自身与职能有关的事务。因此,在国际法领域里,当谈及国际司法机构的时候,往往在狭义上指国际法院、国际刑事法院,以及区域性和专门性国际法庭。然而很遗憾的是,笔者在与国内很多反恐学者包括李伟老师进行讨论的过程中,大多不认为联合国体系之外的其他专门性国际组织能够对恐怖主义罪行作出实质性的行动。

国际法律合作机制的发展通常包括以下四种动力:国家通过合作获得的共同利益;维护国家主权的需要;国际人道主义与人类良知;国际秩序本身的需要。如果说后面两种动力带有几分理想主义色彩,那么前面两种动力则全然是现实主义的。从这一逻辑出发来分析,就可以看出,在国际反恐合作机制中,作为现实主义的政治利益层面的对话自始至终在主导着作为理想主义的国际法律合作机制的演进。只有当恐怖主义犯罪如同"9·11"事件那样严重伤害了人类社会的良知底线的时候,国际反恐法律机制(包括国际反恐条约和国际刑事司法)才可能迅速跨越式地前进。国际反恐法律机制与其他重大国际刑事犯罪一样,是被事实所推进,被犯罪事实和政治事件所推进,而非政策、理念所推进。它是以经验式的一点一滴地积累着前进,而非直线式地前进。

一、对恐怖主义犯罪属性的界定和认知

法学界界定恐怖主义犯罪之事实,一般依据其行为的社会危害性和暴力属性,而不是行为目的或者犯罪目的。虽然 1994 年《消除国际恐怖主义措施宣言》强调了恐怖主义犯罪的政治目的,但是此后更多的国际条约对恐怖主义犯罪行为的描述愈发透露出恐怖主义犯罪行为目的的多样性,很难用简单的"政治性"来概括。

某些国家对待恐怖主义犯罪的双重标准是造成恐怖主义犯罪定义和普遍性国际反恐立法难以达成一致的重要原因,甚至对恐怖组

---

①　梁西:《国际组织法》,武汉大学出版社 2001 年版,第 101 页。

织名单的认定也存在较大争议，虽然目前联合国已经公布了包含119 个恐怖组织和 347 个恐怖分子的名单。

在可供查找的权威词典中，《牛津英语词典》给出的关于恐怖主义的定义是："如同法国 1789—1797 年大革命当权的政党实行的威胁一样，凭借威胁手段进行统治的政府。"①然而从当今的实际情况来看，这一定义该行为的犯罪主体被严重地"窄化"了。

对于国际恐怖主义犯罪的惩治所经常援引的传统强行法当中，一个重要的罪名便是《国际刑事法院规约》中列出的"危害人类罪"，虽然规约第七条的表述中反复强调犯罪主体通常为"国家或政治组织"，以及"依据国家或政治组织的某种政策而行动的主体"，但该条款是在特指"那些实际控制了一部分领土或者有能力控制领土的具有国家特征的国际组织"②。之所以这样规定和理解，是因为很多恐怖主义罪行与危害人类罪构成犯罪关系上的相关性和包含性。

恐怖主义犯罪侵犯的客体属性比较复杂，往往并非停留在受害者本人身上，而且包括了施暴对象所具有的象征性意义，当然最重要的是对社会公众造成了精神伤害和情感伤害。以一次恐怖主义劫机事件为例，这里面伤害的不仅是无辜的乘客和他们的家属，也伤害了国际社会的法制秩序，触动了公众脆弱的神经。因此恐怖主义犯罪侵害的客体是复杂的客体。在我国 1997 年修订的刑法中，将恐怖主义犯罪侵害的客体局限于公共安全，将恐怖主义犯罪列入危害公共安全罪。

在国际上，海盗行为最为猖獗的是东非海岸地区，同时也是海上恐怖主义犯罪最为泛滥的地区。该地区在对这两种犯罪进行治理的过程中，由于拘泥于划分两种犯罪的犯罪要素，从而在法律层面难以进行准确界定，致使对两种犯罪的治理直至今天也是不成功的。当然，我们也不可妄下断言其治理的失败不涉及国际政治其他诸多复杂的因素。

---

①　Judy Pearsall, *The New Oxford Dictionary of English*, Oxford: Celaredon Press, 1998, p. 1915.

②　[美]巴西奥尼:《国际刑法导论》，法律出版社 2006 年版，第 431 页。

　　此外，恐怖主义犯罪定义中对犯罪主体数量上的界定问题是反恐立法中又一个难题。

　　从个体恐怖主义到具有武装冲突性质、集体暴动性质的恐怖主义（以伊朗人质事件为例），恐怖主义犯罪主体的数量呈现出大范围的变化。如果将国家恐怖主义也包括在内，那么对于恐怖主义犯罪主体既难以定性也难以定量。其实，近现代意义上的恐怖主义在历史上的最早案例——法国大革命时期的雅各宾派专政，即应归为国家恐怖主义。对于这类犯罪主体已然超出定量意义的恐怖主义，往往与政治斗争难以分割。中国俗语有"法不责众"之说。当一个社会弥漫着恐怖气氛且人人自危的时候，单单靠法制就难以解决问题了，尤其是在这种国内冲突背后还有外来干涉的时候。

　　如果说在国内社会中，政治权力与司法公正存在着内在的冲突，那么在国际社会中，特别是在国际安全的共同治理过程中，政治强权与公平正义的冲突便显得尤为激烈。在国际反恐合作的上述各个层面之间，尽管可以以互补的形式协调发展效用，然而更多的情况下，这几种反恐机制之间也难免出于本身的利益而互相掣肘，甚至在同一层面，例如司法层面，也会由于诸如积极管辖（管辖权竞合问题）或者消极管辖冲突（互相推诿）而产生矛盾。在这种现实情况之下，我们一方面要寄希望于推动国际社会的法制化进程，包括立法与司法的全面推动；另一方面应当在目前的水平之上减少权力斗争对国际司法的干预和消极影响，促进共识，协调发展。

　　对恐怖主义犯罪进行界定所存在的诸多障碍造成了反恐合作机制的法制化进程必然是一个长期的过程，短期内恐收效甚微。因此各国不懈的努力和艰苦的探索也将是一个漫长的过程。法制就如同一架庞大的机器，一旦运作起来，到了后期，治理的成本会不断下降，而效率会不断提升。2006 年俄罗斯内务部资料显示恐怖事件比上年减少了 25%①，而取得这一反恐行动的重大成就绝非易事，在此之前，可以说俄罗斯的反恐法制化建设至少已经摸索了十

————————

　　①　李伟：《国际恐怖主义反恐斗争年鉴》，时事出版社 2006 年版，第 30 页。

几年。

二、对待恐怖主义问题的意识形态与双重标准

恐怖主义背后隐藏着暗流涌动的大国博弈，同样，在国际反恐合作机制中，如果脱离法制化轨道，偏重于外交、政治手段，则很容易使合作变得貌合神离，使合作机制成为大国关系中权力斗争的途径。美国一贯倾向于对恐怖主义实行双重标准，这实际是其全球战略的另一种形式的延伸，目的是遏制中国、俄罗斯这样威胁其霸主地位的大国。上海合作组织定义的恐怖主义者往往被美国认定为民主人士和自由战士。只不过在全球化时代的今天，以及恐怖主义犯罪手段更加现代化的状况，能使美国看到，离开国际反恐合作而一意孤行地实施单边主义政策，结果会是事倍功半、事与愿违的。任何大国、强国都不能超越非传统安全语境下这一困境。

制定恐怖分子和恐怖组织的黑名单是一个敏感的政治问题，容易"引火上身"，同样，认定哪些国家属于国家恐怖主义或者暗中支持恐怖主义，和美国制定"无赖国家"黑名单，都是一种思维：单边主义、强权政治，以及超越国际法律原则之上的双重标准。就如同美国判定哪些行为属于恐怖主义，判定哪些国家享有国家豁免、对哪些国家援引"恐怖主义活动例外论"，完全出于其政治利益，服务于其自身外交政策，这未免有悖于国际法的原则和精神。

国际反恐合作应该始于政治与外交，而终于法制。东方国家重视人情与个人关系，这不利于全球化时代反恐合作机制的完善，官员的个人关系可以为推动国际交流和合作牵线搭桥，构筑坚实桥梁，然而不可把这一手段当作目的，舍本求末。恐怖分子希望将其犯罪行为政治化，以逃避刑法的惩罚而寻求政治庇护。某些西方大国又何尝不是如此？它们往往利用恐怖分子作为手中的政治棋子，干预别国内政，因此才导致恐怖主义定义有"双重标准"的顽疾。

学术界一致认为，作为重大国际刑事犯罪之一，对"战争罪"界定的起草是最为困难的。这很大程度上受到主要西方缔约国的利益影响，军事专家尹卓认为，战争有正义战争与非正义战争的区别，目前只有美、俄两国有资格挑起世界性战争，但很容易成为后

者；而中国的国家利益限于地区性、局部性战争，属于前者。美国在历次反恐战争中，不仅违背联合国宪章基本准则，也得不到其北约盟友的认同。从这样的历史逻辑来看，《国际刑事法院罗马规约》将战争罪空心化悬置起来，是必然结果。正是因为如此，仅仅关注于如何对恐怖主义犯罪进行定义是片面的，从另一方面来讲，许多大国在反恐过程中所犯下的战争罪或其他重大国际罪行又有谁关注呢？同样应该反思的是，国际社会的话语权掌握在少数西方大国手中，而选择哪些罪行进入公众视野、进入国际议题，哪些罪行在国际司法管辖之外，也就是具有一定主观性的事情了。

2014年8月5日，伊拉克总统马利基下令军方增援库尔德武装，以便共同应对势如洪水的国内极端组织"伊拉克黎凡特伊斯兰国"反政府武装。库尔德工人武装组织长期以来在土耳其、伊朗、伊拉克等国被认定为恐怖组织，而马利基此举则表明伊拉克政府在对待恐怖组织的具体问题上所采取的实用主义态度。同时我们也有理由相信，在国际问题领域，任何不同意识形态的国家，东方的甚或西方的，都有足够动机以实用主义的态度来对待恐怖主义的定性问题，就如同在外交舞台上，实用主义的原则总是会超越意识形态外交。向来标榜民主自由的美国也不例外，在马利基发布军令的前一天，有消息声称，伊拉克库尔德武装也曾经向美国索要武器军火，以应对"伊拉克黎凡特伊斯兰国"极端组织。不仅如此，美国一手扶植的基地组织、萨达姆政权的反戈一击，也都是"搬起石头砸自己的脚"的最好例证。

美国对待库尔德民族一直采取双重标准，一方面为了维护其中东外交政策和平衡战略的需要，在伊拉克扶植库尔德人以便对抗萨达姆政权（也因此加剧了本已存在的萨达姆政权与库尔德人之间的尖锐矛盾），在土耳其、伊朗、叙利亚等国也是以同样的手法利用当地库尔德人牵制中东国家政权，如同偏袒以色列以对抗中东国家一样；然而另一方面，美国却将库尔德工人党认定为国际恐怖组织，这当然是别有用心的。不仅美国，其他西方国家也是如此，对待库尔德独立的政治诉求假情假意，表面支持，暗中破坏，实质是在利用它，以便在中东这块地盘上各取所需。

如果说美国在伊拉克扶植库尔德人与美国的以色列政策是异曲同工，那么可以说，美国在土耳其扶植库尔德人则与其对待中国新疆的三股势力的手腕如出一辙。美国长期以来指责土耳其政府的库尔德政策是侵犯人权，指责土耳其政府践踏少数民族的自决权；而美国政府对中国政府少数民族政策的歪曲和攻击又何尝不是如此呢？

因为在意识形态剧烈冲突的国家之间建立司法合作机制是极为困难甚至不可能的，外交施压与国际制裁便成为此时的常态。即便如联合国这样普遍性的权威国际组织，其在认定恐怖组织的黑名单方面，也由于对于某些带有民族分裂主义性质的组织有特殊考虑，而难以取得完全一致。

2008 年美国联邦法院宣布释放关塔那摩基地 17 名"东突"恐怖分子，宣称他们对美国的国家安全不构成威胁。直至后来有证据显示他们曾在阿富汗接受塔利班的训练，才再次收回成命。由此可以看出国家参与国际反恐合作背后往往隐藏着各自的政治目的。另如美国在中亚诸国以反恐为名驻扎军事基地，实际上也是在扩大战略前沿，其真正目的是对中国形成除了太平洋诸岛链以外的西线包围。

有人认为，随着美国反恐战略的调整，中国从国际反恐合作中所能获得的红利将大为减少。① 这里的"调整"主要是指美国将战略反恐改为战术反恐，将全面反恐改为局部反恐，以便采取更加实用主义的保护美国本土的态度。而这样一种调整，也就意味着美国必然要对恐怖主义犯罪采用双重标准，从而区分可利用与不可利用的恐怖主义，缩小打击范围。随着美国从阿富汗撤军，中国周边国家也有了更多精力来觊觎中国国家利益，在以往美国压力之下的反恐共识也逐渐变得貌合神离。

反恐目标的无限扩大所导致的消极后果就是美国式的先发制人和单边主义、霸权主义的安全战略。将一切有可能对美国构成威胁

---

① 张家栋：《美国反恐战略的调整及其对中国的影响》，时事出版社 2013年版，第 14 页。

的"犯罪嫌疑人"或有嫌疑的政权纳入打击范围，这样便陷入"反恐悖论"，即"越反越恐"，为自己树敌。

美国国务院于 2014 年 4 月发布《2013 年反恐形势国别报告》，其中提到中国在反恐领域与美国合作少、信息交换不对等，并称中方对国内一些恐怖案件的定性缺乏可信、翔实的证据。中国外交部发言人秦刚随后就该报告中针对中国的内容表示不满，指出在反恐问题上对别国说三道四、搞"双重标准"，无助于国际反恐合作。①类似这样出于意识形态和政治利益动机而造成合作障碍的比比皆是，成为今后国际反恐合作中急需解决的现实问题。美国对恐怖主义的这种为我所用的双重标准，不仅助长了恐怖主义的发展，而且也使得世界各国特别是各大国联合起来形成国际反恐怖主义机制变得不可能。②

对恐怖主义犯罪进行国际立法上的统一定义之所以存在困难，除了上述意识形态和"双重标准"的存在，还有一个原因，就是很多国家担心把一些暂时看来与己无关的恐怖组织和恐怖分子划入黑名单会触动恐怖分子的敏感神经，会"引火上身"。这里就需要国际法一般原则中对国家责任观念的强化，以及国际良知的深入人心。当然，对于恐怖主义犯罪，至今之所以仍然难以达到普遍共识，在政治因素之外还有一个原因就是恐怖主义本身是不断发展、不断衍生出新形式、新内涵的犯罪行为。有的时候它的突发性和迅速繁殖的状态的确超越了人类理性认知能力，这也是由自身的非理性本质所决定的。

恐怖主义所攻击的范围正如我们所看到的那样是日趋扩大化的，其对象已经不仅包括传统目标——英、美等西方发达国家，也逐渐转向一些亲美、亲西方的海湾国家和土耳其等中东国家，当然也包括联合国、国际红十字会这样一些国际组织。对国际组织派出

---

① 《外交部发言人秦刚就美国国务院有关反恐报告涉华内容答记者问》，http://www.fmprc.gov.cn/mfa_chn/fyrbt_602243/t1151858.shtml，2014-05-01。

② 赵秉志：《惩治恐怖主义犯罪理论与立法》，中国人民公安大学出版社 2005 年版，第 69 页。

的代表的人身伤害可以依据《关于防止和惩处侵害应受国际保护人员包括外交代表的罪行的公约》，因而在反恐合作的司法层面具有较多共识，受到意识形态干扰的因素较少。对于亲西方的中东国家如土耳其、沙特阿拉伯等国，所涉及的国际政治博弈的因素则较为复杂，所牵涉的利益相关方也更为多元化。这一层面上的反恐合作将成为下一步推进国际反恐合作的突破口，不仅在外交机制上如此，在司法机制上更是如此。

为何西方国家对恐怖主义的双重标准一直有着广大的市场？为何绝大多数的国内恐怖主义都有其国际盟友？为何后冷战时代那么多国家政权的垮台都必然伴随着内忧外患、双层夹击？这正如上文所说，在非传统安全时代，恐怖主义以其独特的方式考验着国家制度的优劣，以其独特的方式催生着民主，单靠以暴制暴是无法长期地从根本上解决问题的。只有对恐怖主义产生的社会根源进行理性的分析研究，不仅在恐怖事件发生之后，即使在未发之先，也应时刻体察民众呼声，反映民众诉求，防微杜渐，釜底抽薪，借助民主这个安全阀，才不至于让别有用心的西方大国借机插手。

在反恐国际合作中容易出现的另一个困境是，全然听命于西方大国，失掉国家自身的原则立场和国家利益，失去群众的信任，导致群众把自己的政府看作傀儡政府。这样便会得不偿失，使国家反恐行动陷于被动。美国军队出于海外反恐和军事同盟的借口而进入到阿富汗、巴基斯坦，以及西亚、北非等恐怖主义重灾区，当地政府热情地拥抱美国军队，成了完全亲美的失败政权，固然当地政府有着无奈的酸楚且没有看似更好的出路，但是这样"一边倒"的外交政策事实证明其已经完全丧失了民心，而只有一个在国际合作中拥有自身独立的利益诉求、以本国利益为中心的政府，才是一个有效能的政府，才能获得民众认可。

2014年9月16日，外交部副部长李保东对于美国打击伊拉克境内极端组织"伊拉克和大叙利亚伊斯兰国"（即ISIS）发表声明称，不应在恐怖主义问题上搞双重标准，不应该区分所谓好的恐怖主义和坏的恐怖主义，应该发挥联合国的主导作用。李保东还特别使用了两个关键词"标本兼治"和"协同一致"。美国政府曾经将横跨土耳其、伊拉克等多国境内的库尔德工人党定义为恐怖组织，然而在打击 ISIS 的过程中却以工具主义式的姿态运送大量武器给库尔德工人党武装，并大力支持其针对 ISIS 的围剿行动，美国在这一过程中所体现出的两面派与投机主义态度由此可见一斑。

第二节　国家恐怖主义与国家豁免

1999 年 5 月 8 日，这是一个令所有中国人悲愤的日子。当日，中国驻前南斯拉夫联盟大使馆遭到正在参与北约联合行动的美国军方的三枚精确制导炸弹的轰炸，当场炸死新华社记者邵云环、《光明日报》记者许杏虎和朱颖，伤及数十人。这是否属于由美国实施的国家恐怖主义？从诸多法律要素来判断的话，美国的这一行为满足了暴力恐怖主义犯罪行为的诸种要素，且未经联合国授权，几近于以国家为主体而实施的国际恐怖主义行为，或曰国家恐怖主义。

美国政论家和语言学家乔姆斯基将里根时期的美国政府所实施的暗杀、非法出售禁运武器等右翼极端行为视为国家恐怖主义的典型，认为里根政府曾极力构建一个"国际恐怖主义网络"。① 同时美国也曾指责前苏联、东欧集团支持恐怖组织，资助并训练恐怖分子以便服务于政治需要。甚至可以说，早在冷战时期，美、苏两国就利用恐怖主义作为国家安全战略重要手段，这也间接地为今天中亚、西亚严重的恐怖主义犯罪和其他跨国有组织犯罪提供了支持，使今天的中东地区成了国际恐怖主义的重灾区。

此外，在西方，由于其民主的制度传统，一些极端主义的组织可以通过组织政党，以选举的方式合法进入议会和政府，来更加便利地组织恐怖主义活动，成为名副其实的"国家恐怖主义"。当然，国家恐怖主义也可以通过政府在暗中支持某一个外国恐怖组织而实现其政治目的。从 20 世纪八九十年代开始，尤其是冷战结束后，

---

① ［美］乔姆斯基：《恐怖主义文化》，上海译文出版社 2006 年版，第 34 页。

在德国、意大利这样具有纳粹极端主义思想传统的国家，新纳粹主义死灰复燃，它们由于具有深厚的历史积淀和民间传播土壤，迅速组成了各式各样的新纳粹政党，通过选举进入议会，传播和实践其纳粹恐怖主义。如意大利的右翼政党全国联盟、光头党、"黑秩序"，德国的"日耳曼民盟""自由德国工人党"，甚至还有英国的"白色闪电""白狐""不列颠国家党"，法国的"欧洲民族行动联合会"，等等。所以，政府、国际社会可以通过法律形式和立法形式在表面上取消一个恐怖组织存在的合法性，然而其赖以存在的土壤则不会因为政府的一纸法令而立即消逝。我们一再强调，任何一国的恐怖主义犯罪之所以存在，是有其深厚的社会根源的。无论是国内的刑法制裁，还是各种形式的国际社会的反恐合作，都只能治标，而要治本，则必须通过有效的公正的国际治理，改革目前国际政治经济秩序中不公平、不合理的方面。对于单纯属于国内性质的恐怖主义，则应该同样从制度层面以及整体的政治生态上寻找问题根源。

1988 年洛克比空难中，飞机上大部分是美国公民。事发后美国政府动用超过千名的技术专家，从几百万块飞机碎片中寻找线索，最终确定恐怖分子藏身利比亚，美国政府对卡扎菲政权施加压力，迫使其交出恐怖分子，并赔付 27 亿美元。

反恐专家李伟主张，应对支持恐怖主义活动的国家实行国际性制裁。①

1983 年，叙利亚驻德意志民主共和国大使参与制造了西柏林（属德意志联邦共和国）艺术中心恐怖主义爆炸案。后来两德统一，联邦德国宪法法院对这位前大使进行了起诉。

国家恐怖主义与非国家性质的恐怖组织团体实施的犯罪，并无本质上的严格区别，然而前者随着国际人权、人道主义法的发展得以界定，且国际刑事法院或法庭的历史实践经验对其也有充分认知。对于后者，情况就有所不同了。除了几个有限国家的立法，作

———————————

①   李伟：《国际恐怖主义问题与反恐怖斗争合作》(续)，《国际资料信息》2001 年第 8 期。

为非官方性质的组织，无论是法人、非国家行为者、民间团体等任何形式的组织的国际刑事责任，都尚未有效地建立起来。① 这也是今后各国反恐立法中所亟待解决的问题。

对于所谓国家恐怖主义的认定，在实践当中，只要认定一国政府给予从事恐怖主义活动的组织以资金支持，便是国家恐怖主义行为，而不论其资金支持行为是否与特定恐怖主义犯罪案件中的特定行为有直接关系。② 这是容易理解的。在"西西皮欧诉伊朗案"以及"弗莱特诉伊朗案"这样被支持的恐怖主义组织"吉哈德"的归属地和事发地都在国外的案件中，伊朗都同样被认定为国家恐怖主义。

近年来偷窃核材料的问题已经同经常论及的恐怖主义挂钩，此类禁止性规定因此增加了另一个维度。③ 核材料一旦从国家掌控落入个人或者团体手中，便会产生潜在的对社会公共安全的威胁。因此盗窃核材料构成了严重的刑事犯罪。然而，引申思考的话，即便核材料掌控在国家手中，如果该国特殊的政治体制、意识形态或者偶然因素造成核材料的非理性使用，包括威胁使用，又何尝不构成国家恐怖主义呢？况且，在专制体制或者非均衡的不健全民主体制之下，国家资源常常最终被家族或个人掌控，此时又该如何区分国家恐怖主义与个人恐怖主义呢？

1982 年的贝鲁特大屠杀被视为以色列的国家恐怖主义。尽管以色列士兵尽量避免出现在第一现场，黎巴嫩基督教长枪党民兵却参与其中。贝鲁特大屠杀发生于 1982 年 6 月以色列入侵黎巴嫩期间，黎巴嫩基督教长枪党民兵在以色列的武装和包庇下，对贝鲁特的巴勒斯坦难民营的难民进行了野蛮屠杀。

一方面，巴勒斯坦激进组织哈马斯使用暴力极端手段来回应以色列与美国的军事行动；另一方面，以色列的犹太复国主义极端派、摩萨德等机构也使用各种恐怖主义方式来打击巴勒斯坦以及阿

---

① [美]巴西奥尼:《国际刑法导论》，法律出版社 2006 年版，第 93 页。

② Alan Gerson, Holding Terrorist States Accountable, *Washington Times*, Jun. 4, 1996.

③ [美]巴西奥尼:《国际刑法导论》，法律出版社 2006 年版，第 128 页。

拉伯地区。这可谓是以暴制暴，以恐怖反恐怖，在这样一个恐怖主义循环怪圈中，致使国际社会丧失了国际法等基本准则，也失掉了良知和底线，国际秩序混乱不堪。

国家恐怖主义，作为一种以官方政府为行为主体的犯罪行为，往往以接收国为犯罪对象，出于某种政治目的而危害接收国的公共安全，特别是在两国之间处于紧张状态或战争边缘状态时。因此，一国出于国家安全的考虑而对驻在本国的外交代表的行动自由施加某种限制，例如限制外交代表以考察本国社会状况为由出行的路线和行程，由接收国为外交代表的交通工具指定司机，在法理上可以找到其依据。类似这样的情况大多存在于西欧和东欧，或者西方与东方国家之间。

由于现代交通通信技术的发展，对外交人员行动自由的限制，其内涵也在发展变化。航空和移动无线通信设备的技术发展使外交人员可能利用这些新的手段来侵犯他国主权或者从事违反一般交往准则的行为。在今天，可能足不出户就可以从事间谍行为以及破坏国家安全的行为，传统上关于外交人员行动自由、不受约束的惯例也就需要改进。这主要是防范国家恐怖主义行为和国家资助的恐怖主义行为。

正是由于上述事实的存在，大使馆不受妨碍已经在这种方式上被剥夺了其部分字面意义。①

因此，在接收国保护外交人员不可侵犯的权利和行动自由的时候，接收国履行这一责任是有其两个层面的关注的，一方面要确保传统惯例上外交人员的这一权利受到保护，另一方面，根据维也纳会议的基本精神，要在必要时重新审查这种保护责任的程度和限度。②

梁淑英老师在《国家恐怖主义与国家自卫》一文中指出国家恐

---

① Michael Hardy, *Modern Diplomatic Law*, Manchester: Manchester University Press, 1994, p. 35.

② Michael Hardy, *Modern Diplomatic Law*, Manchester: Manchester University press, 1994, p. 36.

怖主义"虽然不是国家武装部队的直接攻击，但它是由一个国家支持或派遣的武装团队(有组织的团体)对另一个国家进行的武装攻击或暴力攻击"。

由此，国家恐怖主义便上升到了国际武装冲突的层面。某种程度上也回归到了传统安全层面中。最为典型的例证当属美国与阿富汗塔利班政权之间的纠葛。塔利班政权本是美国在冷战时期为了对抗苏联而培植起来的一粒政治棋子，包括本·拉登为首的基地组织在支持车臣武装叛乱分子的过程中也受到美国的各种形式的支持，堪称典型的国家恐怖主义案例。然而当局势转变得不再符合美国利益、恐怖组织不再受美国掌控的时候，美国就会反戈一击。而且一旦美国认定恐怖组织受到所在地国家的暗中支持，便会与这个国家发生国与国之间的武装冲突。

20 世纪 70 年代，联合国大会已经制定出诸多相关决议，并指出作为一种国际义务，任何国家不得对国际恐怖主义进行支持。

1970 年联合国大会第 2625(XXV) 号决议通过的《国际法原则宣言》宣示，每一国皆有义务避免在他国发动、煽动、协助或参加战争或恐怖活动，或默许在其本国境内从事以犯此等行为为目的之有组织活动。1985 年联合国大会第 40/61 号决议首次针对恐怖主义问题作出决议规定：要明确谴责任何地方由任何人犯下的一切恐怖主义罪行。1994 年联合国大会第 49/60 号决议通过的《消除国际恐怖主义措施宣言》、1998 年安理会通过的第 1189 号决议等除重申上述规定外，还指出国家若故意地资助、策划和煽动恐怖活动是违反联合国宗旨和原则的，支持恐怖行为的国家应对该恐怖行为负责。"9·11"事件发生后，安理会于 2001 年 9 月作出了第 1368 号和第 1373 号决议，在谴责恐怖主义同时还要求各国应防止和制止资助恐怖的行为，制止在本国领土内以任何手段直接和故意为恐怖主义分子提供和筹集资金；制止恐怖主义组织招募成员和向其提供武器，不给恐怖主义分子提供安全庇护。①

---

① 梁淑英：《国家恐怖主义与国家自卫》，载《中国政法大学学报》2003 年第 1 期。

对于国家恐怖主义，或者暗中支持资助恐怖组织的国家，国际社会应该基于国际道义与国际法基本准则一致予以谴责，并实行国际制裁。

理论上，国家参与的恐怖主义可以大体分为三种类型：国家为犯罪主体的恐怖主义；国家出于政治目的直接资助的恐怖主义；国家出于经济利益间接资助的恐怖主义。第三种主要是指，在"金三角""金新月"、中亚这些地区，很多独裁政府（尤其是某些军政府）无力改善民生和社会经济水平，暗中从事贩毒活动来维持政府和军队开支，而此时恐怖组织成为贩毒活动的代理人，反过来贩毒活动又为恐怖组织提供资金来源，成为其上游犯罪，长期便形成了这样一个恶性的犯罪锁链。

从目前国际法特别是习惯国际法的发展趋势来看，一些重大国际刑事犯罪（例如危害和平罪、危害人类罪、灭绝种族罪、战争罪、酷刑罪）已经被取消了国家豁免的相关规定。然而对于恐怖主义犯罪，尤其是国家恐怖主义犯罪，还没有明确规定取消国家豁免。因此，对国家恐怖主义的惩治仍然受到国家豁免的阻碍，至少在观念上如此。

因此，传统上国际刑事司法对国家犯罪和个人犯罪的管辖范围不足以涵盖当今恐怖组织相关犯罪形式的新变化。譬如说，国家恐怖主义犯罪仅仅是作为有组织犯罪的恐怖主义的一种特殊形式。类似《联合国打击跨国有组织犯罪公约》这样与恐怖主义上游犯罪和相关犯罪极为紧密的国际公约的订立，可以有效地遏制国际恐怖主义活动的空间，从而也必将成为国际反恐立法当中不可或缺的一部分。

本书认为，国家恐怖主义是一般恐怖主义犯罪与其他国家作为犯罪主体实施的重大国际刑事犯罪的逻辑衔接点。法学界一般认为危害人类罪以非国家行为者作为犯罪主体的主要犯罪形式。而《前南斯拉夫问题国际刑事法庭规约》第四条、《卢旺达问题国际刑事法庭规约》第三条与《国际刑事法院规约》第七条中取消了危害人类罪、危害和平罪和战争罪必须与国家相关联的要素，使这几项概念的外延得以扩大。在内部机制的运行以及组织架构方面，非政府或非国家的行为主体与国家主体有很多相通之处。细微的差别在于非国家行为主体在行为规则方面主观性较强并缺少可预见性，而且机制架构不像国家行为主体那样紧密。然而在从事恐怖主义犯罪方面，不论是国家行为体还是非国家行为体，其本质并无二致。

杜启新在其专著《国际刑法中的危害人类罪》一书中认为，从危害人类罪的客观法律要件"广泛、系统性地、大规模地，有政治目的，采用包括武装冲突形式在内的攻击行为"；犯罪对象为"任何平民"可以推论出，恐怖主义或者至少部分类型的恐怖主义符合危害人类罪的特征，并且在外延上从属于后者。那么，沿着这一思路，我们可以确切地向前再推进一步：国家恐怖主义行为与危害人类罪的外延基本重合。①

英国史学家阿诺德·汤因比在其专著《第二次世界大战史大全》中指出，犹太民族为了建国，在其斗争过程中采用了大量恐怖主义手段进行袭击、破坏、暗杀活动。

1976 年，以色列官方密谋劫持了一架从特拉维夫开往巴黎的法国航空公司航班，并将机上所有人质运送到遥远的乌干达城市恩德培，一手策划了乌干达人质危机事件。1981 年，以色列甚至与其老对头伊朗合谋对伊拉克核设施进行了军事袭击。

如果说摩萨德象征着以色列的国家恐怖主义，而美国中央情报局曾几度与摩萨德携手合作，将枪口对准巴勒斯坦合法的政治活动。除此之外，美国中央情报局在全球领域将暗杀作为国际政治斗争手段，对于这些事实，以中央情报局为代表的美国政府机构，又何尝不是在暗中实行着国家恐怖主义？如果说，这些手段仅仅是美国在后冷战时期才逐渐形成的政治路径，那么，其实早在冷战时期，美国小范围内的武装军事斗争和威胁，以及惯用的经济贸易制裁手段，则是其国家恐怖主义和国家暴力的思想先驱。

---

① 杜启新：《国际刑法中的危害人类罪》，知识产权出版社 2008 年版，第44 页。

第三节　国际立法视域中的反恐合作进程

国际合作是一个非常宽泛的概念，在国际问题研究中，动辄会谈到合作的概念。然而真正清晰地对国际合作进行准确界定却是一件复杂的工作。广义的国际合作包含多个层面。而在反恐领域，我们对国际合作仅作狭义的解剖，因此在这里，我们通常将其分为政治层面和法律层面。而法律层面又可以分为司法层面和执法层面。政治层面体现为首脑会晤、外交谈判和以国际组织为基础的多边外交；立法层面主要是国际反恐条约的共同制定和加入；司法层面体现为国际法院等国际司法机构的机制实施以及多国警务合作等方式为主的实施机制（也有学者单独将国际警务执法合作列为执法合作）。当然，上述几个层面之间是有重叠的，不是截然分开的。而且实践证明，这几种层面的深化和推进并无固定的先后顺序，可以同时开展。

无论是通过多边机构及其执行机制还是由双边自愿执行，国际合作的增加已经在国家之间结成了一张互相依赖的网，而这又增加了国家之间的互信。它使国家相信，或至少接受了这样一个事实：实行多边主义比实行单边主义收获更大，并且那些原来在单边主义时享有但在多边主义行动中失去的自由，在国际集体行动中得到了弥补。①

正如联合国往往可以解决国与国之间的争端，一定程度上维持相对和平的国际秩序，但是却无法解决和平之后的司法审判问题。同样，作为多边对话的窗口，国与国之间的外交合作机制类似地也处于这种尴尬之中。另外，一国出于保护本国海外侨民人身安全的动机而对当地可能发生的恐怖袭击进行预警，这在国际实践中也已经屡见不鲜，然而过度敏感的反应和不恰当的预警也有可能使两国关系恶化。因此在互信基础之上开展国际反恐合作是推进反恐合作机制的必经之路。

---

① ［美］巴西奥尼：《国际刑法导论》，法律出版社 2006 年版，第 38 页。

《国际法的局限性》一书指出，当今世界的国际法存在两个趋势，并且是相互存在关联的两种趋势，即国际关系的法律化与多边外交机制的兴起。① 多边外交机制可以视作国际合作朝向法律化迈进的一个过渡阶段或曰"准立法机制"，甚至从广义上，我们可以将双边外交合作机制也视作国际法广义范畴中的一环。本书考虑到国际反恐过程中政治外交合作机制本身所特有的主观属性，而以单独篇幅来进行阐述，并不意味着外交机制就是完全有别于立法机制、司法机制而独自存在的。

在国际社会中，有一大批国际组织都是从属于某个多边国际条约的产物。国际海洋法法庭、联合国人权事务委员会分别与《联合国海洋法公约》《公民权利和政治权利国际公约》具有这样的衍生关系。然而，反观国际反恐公约可以发现缺乏这样的相应从属机构，因此在推动国际反恐立法不断丰富发展的同时，亦应考虑加大力度推进相应的专门性国际事务机构的完善，这样才能使反恐条约真正切实地得到保障和落实，同时也可以使国际反恐合作走到法制化、规范化的轨道上来。

在国际反恐法制合作机制中，对机制的研究是整体的把握，而具体的操作和落实则属于实践当中的危机处理问题。从外交层面转向法制层面，再从法制层面深化到技术合作层面，国际反恐合作机制就如同国际关系理论中的功能主义所预见的那样，一步一步走向深化。

国际立法机制体现的是平等原则，小国是主要的受益者，而大国的权力和意志将受到一定影响。如果说国际立法机制是一种理想主义，那么这种理想主义只能在现实主义的框架下得以展开。国际立法机制也体现着全球治理的崭新理念。

詹姆斯·N. 罗西瑙提出的"没有政府的治理"，指的是"通行于规制空隙之间的那些制度安排，或许更重要的是当两个或更多的规制出现重叠、冲突时，或者在相互竞争的利益之间需要调解时才

---

① ［美］杰克·戈德史密斯：《国际法的局限性》，法律出版社 2010 年版，第 17 页。

发挥作用的原则、规范、规制和决策程序"①。

罗伯特·基欧汉在《霸权之后》指出，在一个日益相互依赖的世界中，国际机制对那些希望共同解决问题和追求互补的目标，而又不愿将自己从属于一个等级控制体系的各国政府来说，变得越来越有用。

"强行法中的国际犯罪虽然给国家设定了某些法律义务，但这些义务与特定的条约义务或国家法律规定无关，而违反某个国家法律的国家犯罪却不会出现国际执行义务问题。"②进而，我们可以理解，国际法学者盛红生所著的《国家在反恐中的国际法责任》，其法理依据不是建立在特定的条约义务或国内法律基础之上，而往往是出于政治利益的考量和国内政治利益集团的诉求。

作为调整国家之间关系的规范的国际法远比调整自然人之间关系的国内法更为脆弱，其中一个重要原因是国家主体对国际法治拥有解释权，既然不存在严格意义上的国际法治社会，也就不存在对犯罪概念的统一定义。而作为重大国际罪行的恐怖主义更是问题中的问题。因此，以国际反恐合作作为切入点，相信这一领域的每一次理论前行，都会带动国际法治的整体进步。因此，在目前国际反恐合作机制极其不完善的现状下，借助国际组织甚至个别大国的推动作为平台，可以有效推进这一机制向前发展。然而在必要的时候，具有强制实施机制的国际法特别是国际强行法的推动将成为合作的催化剂。

国际恐怖主义犯罪最初并不属于国际强行法的范畴之内，然而其跨国犯罪属性的不断增强，使得国际立法逐步将其归入强行法的范畴内。

国际和区域人权以及欧洲人权法院、美洲国家间人权法院等人权法院的进步都已充分说明，区域法的执行并不需要依靠武力。最近 50 年以来，国际和区域人权法道德力量对国家法律制度的影响

---

① ［美］詹姆斯·N. 罗西瑙：《没有政府的治理》，张胜军等译，江西人民出版社 2001 年版，第 9 页。

② ［美］巴西奥尼：《国际刑法导论》，法律出版社 2006 年版，第 18 页。

已经非常大，这是人们始料未及的。正是因为这样，国际犯罪的标准之一便是"震撼人类良知"①。这或许是国际社会对恐怖主义犯罪进行一致性界定的唯一标准。

发展中国家获得发展援助的权利已得到当今国际法的认同。既如此，这种权利不仅应该包含发展中国家经济建设得到发展援助的权利，同时也应包含社会、法律、政治生态文明等多方面综合协调发展的权利，因为只有这些方面同时得到协调发展，一国的经济水平才能真正得到切实提升。这也是很多西方国家和国际组织对发展中国家的援助（例如"马歇尔计划"）往往带有附加政治条件的原因。当然，别有用心的意识形态强加（"impose"在英文中既有"强加"又有"征税"之意，用在此处颇为形象）也是有可能的。进而，这种有效的援助在全球恐怖主义问题泛滥的今天就不得不以保障发展中国家免受非传统安全问题的伤害为前提。因此，有效的制度输出必然要以有效的国际和国内法律体系作为保障。

因此，国际立法机制的独特之处便在于，可以吸引更多的国家特别是小国来积极参与国际反恐合作，甚至长期来看可以促进其他国际安全领域的合作。通过功能主义所说的溢出效应，其机制运行所带来的益处将超出人的短期预期。

恐怖组织由于在一国国内处于非法的地下活动状态，往往生存空间小，因此需要寻求境外的生存空间，以及将相关的资金活动和洗钱行为转移到另一国。比较极端的案例如塔利班组织，甚至可以寻求所在国政府即阿富汗政府的支持。当然在今天，恐怖主义犯罪如同许多其他的严重国际罪行一样，已形成了"老鼠过街人人喊打"的局面，并且被认定为不属于政治罪行，因而不遵循国际法中政治犯罪不引渡的通行原则。所以，国际反恐合作的根本目标在于铲除恐怖主义犯罪的国际生存空间。这需要外交手段、国际立法途径、相关国际国内刑法标准协同化，以及次区域合作、非国家行为体等多层次全方位的合作，真正体现全球治理的多元化优势。

而在国际立法机制有待完善的现状下，国与国之间的外交合作

① ［美］巴西奥尼：《国际刑法导论》，法律出版社2006年版，第39页。

机制乃至于以联合国和国际组织作为平台的多边外交手段，补充和辅助国际立法机制，将是国际反恐合作的必要途径。以权力为导向的现实主义思维朝着以法制为导向的新自由主义思维转化将是一个长期的过程。

推动国际反恐合作进程的因素有很多，其中一个重要因素是各国国内外交决策与政党政治的交替变化，以美国为例，且不说其国内民主党与共和党意识形态的分歧相争，仅就其外交决策当中的安全理念的位阶而言，经济安全、金融安全等与国家安全的关注度就体现出随着整体国际局势变更而相应调整的波动规律。美国国家安全战略长期以来关注恐怖主义问题，然而也有一些美国学者和政界要人指出美国的经济安全与金融安全同等重要，甚至在特定时期应优先于反恐问题，以平衡被反恐行动过多占用的政治资源。在他们看来，过半数的跨国投资源源不断地涌向中国东部沿海地区在某种程度上就是一个潜在的不安全因素。

无论是以大国作为主导的多边军事同盟还是单边主义式的军事打击，都不能胜任有效的反恐手段，尤其不适应于今天这样一个以相互依赖为属性的全球化时代，美国的反恐历史清晰地佐证了这一点。如果不从社会根源上考虑霸权主义、强权政治所带来的严重不平等，不从手段上反思先发制人、简单粗暴的军事打击，美国的海外反恐只能"越反越恐"。多边主义在当今国际社会已经逐步取代了单边主义成为全球治理的主要合作模式，这一客观趋势本身就说明，单边主义不再像以往那样作为国际关系的主要特征，今天单边主义军事打击在道义上也是站不住脚的。

非传统安全也可能向传统安全转化，美国发动的伊拉克战争、阿富汗战争，以及俄罗斯发动的两次反恐战争都说明了属于非传统安全范畴的反恐行动很容易向作为传统安全的战争行为转化。

以《武器贸易条约》为例，该条约由英国、法国、德国、意大利、西班牙和瑞典 6 个欧洲国家联合声明，于 2013 年 4 月 2 日经过第 67 届联合国大会投票表决通过。该条约为监管八类常规武器的国际贸易制定了国际标准。遵守条约的缔约国将设立管制武器出口的机制，以确保所输出的武器不被用于种族灭绝、战争罪行，或落入恐怖分子和犯罪团伙手中。可以说,《武器贸易条约》背后的立法思维体现着从传统安全观念到非传统安全观念的衔接。而且,在当今多元化的总体国际格局下,关于武器的立法更多地制约着非国家行为主体而不是国家行为主体。类似这样的国际条约从某种程度上甚至比专门性的国际反恐公约更能够绕过由于政治意识形态的敏感性而造成的认知阻碍,从而间接地对恐怖主义犯罪链条进行有效的遏制。

《国际刑事法院规约》第七条指出,如果非国家行为者制定并执行针对平民团体的、以大规模或系统的方式实施的本条规定的特定行为的政策,则非国家行为者被认为等同于国家,这是国际刑法第一次对非国家行为者的刑事责任予以规定。这对于推动当今普遍性国际反恐立法具有重要意义。《国际刑事法院规约》第八条,对于非国家行为者的"危害人类罪"进行了详细阐述和规定,这一条款实际上与国际恐怖主义犯罪紧密相关。①

目前的国际反恐立法越来越倾向于弱化恐怖主义犯罪的政治性,而强调其法律属性,这符合将恐怖主义犯罪排除在政治犯罪之外的国际共识。联系我们提到的群体性事件或社会泄愤事件,两者在我国都以刑法中的危害公共安全罪来惩处,然而此罪名仍未能弱化恐怖主义犯罪的政治性。当然,从恐怖主义犯罪剥离于政治犯罪进入刑法,再从刑法中脱离出来进行单独反恐立法,这样一个长期过程有其客观的制约性和必要性。应该说,造成这种立法现象的根本原因是长期以来对恐怖主义犯罪的内涵和外延一直存在很多争议的地方,也就是说对恐怖主义的定义存在的分歧使各国在反恐机制的操作上不得不保持宽泛、灵活并且有利于各国的司法解释。

恐怖主义还有这样两种倾向。第一种倾向是把自己向政治罪靠拢,以图寻求某些别有用心的国家的政治庇护,当然,这种努力越来越受到限制,因为国际社会已经达成普遍共识,认为恐怖主义犯罪是违反国际法基本准则以及《联合国宪章》的反人类行为,不属

---

① ［美］巴西奥尼:《国际刑法导论》,法律出版社2006年版,第94页。

于政治犯罪，任何国家都具有普遍管辖权，可实行引渡或起诉，不应给予政治庇护。第二种倾向是，某些恐怖主义，特别是政治意识形态型恐怖主义，企图用刑事犯罪的形式隐藏其真正的政治目的。而近年来，第二种倾向越来越具有普遍性。

在第二次世界大战之后早期的国际刑事法庭，其理念和原则是强化个人的刑事责任。只是后来随着国际刑法的缓慢发展，组织的刑事责任原则逐步被引入国际刑事法院的司法理念之中，这对于今天我们实现对恐怖分子个体和恐怖组织作为犯罪团队的有效的刑事司法制裁具有十分重要的意义。尽管到今天，对于"组织"的刑事责任的概念发展还远远不及个人刑事责任概念的发展程度。

犯罪手段的多样性决定了恐怖主义不是一种具体的犯罪，而是一类犯罪的总称。这类犯罪包括侵害应受国际保护人员罪、劫持人质罪、劫持航空器罪、危害国际民用航空安全罪、妨害国际航空罪、海盗罪、危害海上航行安全罪、危害大陆架固定平台安全罪、破坏海底电缆和管道罪、非法使用邮件罪，等等。①

从各类犯罪的刑法特征重复出现的发生频率来看，那些犯罪含有政治或意识形态成分越高，其所具有的刑法特征就越少。②

在对恐怖主义犯罪进行法律界定方面，学术界不仅面临着恐怖主义犯罪与其他重大国际犯罪由于内涵重叠而带来的种种纷扰，同时也存在由于在国际法的犯罪层级上的区分困难而带来的争议。通常公认的国际法律规范等级有三种：国际犯罪、国际违法（侵权）行为、国际不法行为。巴西奥尼在《国际刑法导论》中，将国际违法行为归纳为以下十三类：

①海盗罪；

②劫持航空器和危害国际航空安全罪；

③危害航海安全和公海固定平台安全罪；

④威胁或使用武力危害应受国际保护人员罪；

---

① 古丽阿扎提·吐尔逊：《中亚恐怖主义犯罪研究》，中国人民公安大学出版社 2009 年版，第 38 页。

② ［美］巴西奥尼：《国际刑法导论》，法律出版社 2006 年版，第 104 页。

⑤危害联合国及有关人员罪；

⑥劫持人质罪；

⑦非法使用邮政罪；

⑧使用爆炸物罪；

⑨资助恐怖主义犯罪；

⑩非法贩卖毒品及与毒品相关的犯罪；

⑪有组织犯罪；

⑫破坏、盗窃国家珍贵文物罪；

⑬危害国际环境罪。

可以看出，恐怖主义犯罪的多种表现形式及其相关犯罪基本被包含在以上十三个大类中。而国际犯罪主要是指由国家作为犯罪主体而实施的一些反人类、反人道的罪行。

然而，对于国际犯罪与国际违法侵权行为，二者之间究竟怎么确定一个严格、明确的划分界限呢？仅以最为典型的国家恐怖主义为例，该犯罪囊括了国际犯罪和国际违法侵权行为的大部分特征。巴西奥尼本人也指出，国际违法侵权行为也可以合并到国际犯罪之中，目前之所以如此划分是出于司法实践以及法律政策中的便利方面的考虑。[①] 而且尤其指出，恐怖主义犯罪由于其反人类、反人道的暴力行径，完全涵盖了国际犯罪层级中所归纳的基本要素。因此，符合两个层级划分的大部分范畴。

特定规范体系中所包含的意识形态内容或者政治性内容越少，与此罪相关的国际合作就越频繁，对贩毒的国际控制已经实现了高水平的国际协作。相反地，侵略罪由于含有高度的意识形态和政治性内涵，至今尚无专门的国际公约就该罪设定明确的禁止性刑法规定。[②]

当今国际立法对于重大国际刑事犯罪缺乏系统的全面的界定，尤其表现在现行国际法律条约无法完整地界定单一概念的罪行。但是在巴西奥尼看来，基地组织在美国"9·11"恐怖主义袭击中所表

---

①　［美］巴西奥尼：《国际刑法导论》，法律出版社 2006 年版，第 107 页。

②　［美］巴西奥尼：《国际刑法导论》，法律出版社 2006 年版，第 136 页。

现出来的特质，已经基本符合了《国际刑事法院规约》第七条所列举的特征，属于规约中"危害人类罪"的犯罪要件。

"强制性规范的本质就是它所表示的是一个国家的政策"①。而从国际法中对重大国际刑事犯罪所执行的强制法规范来看，则体现着类似恐怖主义犯罪这样的重大国际罪行触犯了人类共同的良知底线，但是在各国的政治外交行为中，却充满了对待恐怖主义的工具主义态度，这使得外交行为摇摆于一般国际法原则与国内政策之间而形成"精神分裂"。若试图努力弱化这种"分裂"，则必须努力推动对强制性国际法律规范的共同认知，使之有效纳入各国国内立法机制。这对于中国也不例外，将会是中国进行反恐立法的下一步努力方向。

国际社会基本达成了这样一种共识，即对危害人类的重大罪行应该以最具有强制性的刑法进行惩治。因而，与危害人类罪具有相似犯罪要件的恐怖主义犯罪自然也不应当逃避这一惩治，唯一不同的是，恐怖主义犯罪由于各国对其秉承的政治双重标准而难以达到如同对危害人类罪所达成的那种共识。政治双重标准所体现出的背后所隐藏的利益冲突使得在目前国际社会尚缺少价值观共识的大背景下难以就具体的国际重大刑事犯罪制定明晰的法律文件。

20世纪七八十年代被国际法学界公认为国际法律文件的多产期，主要原因在于此时期人们逐渐认识到恐怖主义犯罪和相关的毒品犯罪所带来的对国际社会的严重危害。从而可以看出，反恐立法的完善同时也是对其他重大国际犯罪立法的推动。

在对政府所追求的政治目标不会造成损害的情况下，各国更容易接受那些以人道主义关注为基础的限制措施，因为各国借此可以按预期获得互惠利益。如果我们所提及的法律文件的监控和规范体系不排除或者妨碍各国的政治宗旨，就可以得出相同的结论。② 这时就需要分析某一恐怖组织是否与官方有着千丝万缕的联系，不论是直接的或者间接的。即使没有任何瓜葛，恐怖组织也可以成为某

---

① 许军珂：《国际私法上的意思自治》，法律出版社2007年版，第69页。

② ［美］巴西奥尼：《国际刑法导论》，法律出版社2006年版，第142页。

一别有用心的政府在国际博弈中的一粒政治棋子，进而成为反恐法律认同的阻碍。

现有绝大多数国际刑事法律公约的起草者基本上是各国派出的外交官或者政治代表，法学专家较少。这体现出政治因素对于重大国际犯罪立法的干扰，对于国际恐怖主义犯罪立法，情况尤为如此，过多的政治因素压抑了法律因素的运作，从而使得反恐立法纠结在政治方面而难以取得重大进展。今后如何加强法学专家特别是国际刑法专家对于反恐立法和司法的国际参与，将是推进国际反恐法律合作的重要方面。

一项国际公约一旦相应地设置了实施此公约的国际组织或者国际行政体系，那么该项公约的发展、完善便会更为有效和迅速。与该公约相关联和附属的文件也会不断得到细化，且更具有可行性。比如与毒品犯罪相关的国际法律文件目前已有 23 部，这与国际毒品管制委员会、毒品协会、联合国毒品管制项目 UNDCP 等国际组织机构的存在密不可分。鉴于以上国际刑法立法的历史经验，在国际反恐立法合作中，可以创设更多反恐国际组织和机构，让反恐公约与反恐机构两只脚走路，并行推进。

美国国际刑法学家巴西奥尼教授认为，如果涉及某一种国际罪行所存在的法律文件越多，就越能证明该罪行达到了强行法的程度。① 因此可以相信，随着国际反恐立法在数量上的发展，也能够使国际反恐合作取得从量变到质变的飞跃。

第四节　国际反恐公约体系

本节主要将国际反恐法律文件区分为四个部分，即：传统上国际达成共识的 13 部国际反恐公约；联合国安理会关于恐怖主义问题的历次决议和联合国大会宣言；上海合作组织框架内的中亚区域反恐公约与宣言；各主要国家国内反恐立法现状。

---

① ［美］巴西奥尼：《国际刑法导论》，法律出版社 2006 年版，第 152 页。

一、反恐公约与定义问题

目前国际上的反恐公约对于恐怖主义犯罪的界定，其外延一般包括：劫持航空器罪、劫持人质罪、危害民用航空安全罪、侵害外交代表和应受保护国际人员罪、核材料犯罪（非强行法）、危害海上安全航行罪、危害大陆架固定平台罪、恐怖主义爆炸罪、资助恐怖主义罪九种情况。

反恐需要国际立法，需要常态化，以避免影响正常的国家间关系和导致相互之间的误解，进而在互信的基础之上开展国际反恐合作。

目前联合国已经通过了 14 项有关反恐问题的国际决议，但联合国迄今无法通过任何一项普遍的反恐国际公约。1937 年在国际联盟框架内制定的瑞士日内瓦《防止和惩治恐怖主义公约》虽然对日后反恐公约的制定起到了积极的推动作用，然而这部公约在历史上从未生效便"胎死腹中"。

2000 年 9 月 25 日，印度代表团向联合国大会提交了《关于国际恐怖主义的全面公约草案》，随后联合国大会第六委员会即法律委员会和联合国下属的反恐特设委员会开始试图以该全面公约草案作为基础来制定一部全面反恐公约，以此来超越历史上已有的 13 部专门性反恐公约，力图使之成为完备的第 14 部公约。然而，这样一个美好的愿意却由于显而易见的政治意识形态原因和各国自身的利益考量而收效甚微，至今依然步履维艰。这其中最难达成共识的就是一直以来都存在的对于国际恐怖主义的一致性定义的问题。2015 年 2 月份，中、印、俄三国外长齐聚北京，呼吁国际社会尽快着力推动 15 年前由印度提出的全面反恐公约的制定，同时就此发表了联合公报。

二、联合国系统及其他普遍性国际反恐公约

1963 年《关于在航空器内的犯罪和其他某些行为的公约》（《东京公约》）较早地对具有恐怖主义性质的犯罪进行了法律属性的界定，尽管当时尚未对恐怖主义犯罪进行系统性界定。这为以传统刑

事犯罪立法的形式为此后全面系统地界定恐怖主义犯罪开辟了先河。

1970 年荷兰海牙制定了《制止非法劫持航空器的公约》(《海牙公约》)。《海牙公约》惩治的犯罪主要针对非法劫持或控制正在飞行中的航空器，但是，危害国际航空安全的犯罪无处不在，世界各地还经常发生直接破坏航空器的犯罪，甚至发生破坏机场地面上正在使用的航空器及其航行设施等犯罪。基于犯罪行为的多样性，《海牙公约》显然不足以维护国际民用航空运输的安全。1970 年 2 月初，正当国际民航组织法律委员会举行第 17 次会议讨论草拟《海牙公约》时，在 2 月 21 日一天里，连续发生了两起在飞机上秘密放置炸弹引起空中爆炸的事件，震撼了整个国际社会。于是，国际民航组织准备起草一个关于非法干扰国际民用航空(非法劫机之外)的公约草案，即后来的《蒙特利尔公约》草约。

1971 年 9 月 23 日的《蒙特利尔公约》全称为《制止危害民用航空安全的非法行为的公约》于蒙特利尔签署，1973 年 1 月 26 日生效。《蒙特利尔公约》(1971)的基本出发点是针对破坏航空运输安全的地面犯罪行为开展国际合作，以弥补《海牙公约》的立法短板。例如公约第一条中详细列举了管辖权内的 5 种犯罪行为，包括"危及航空器安全行为的针对航空器内人员的暴力行为""毁损干扰航空器的正常运转以致影响其安全飞行""放置或指使他人放置危险物品以致影响航空器的正常运行""毁损或干扰航空器内相关设备的功能运转以致影响航空器正常飞行"，以及"传播散布虚假信息扰乱航空器运行"。而这些补充恰恰是《海牙公约》和《东京公约》中所缺少的必要成分。

《蒙特利尔公约》(1971)《海牙公约》和《东京公约》是通常所说的关于防止劫持飞机的 3 个国际公约。我国于 1980 年 9 月 10 日加入《蒙特利尔公约》(1971)，同时声明中国政府将不受关于将争端提交国际法院的规定的约束，公约于同年 10 月 10 日对中国生效。

1991 年 3 月 1 日签署的《蒙特利尔公约》，全称为《关于注标塑性炸药以便探测的公约》，目前已经生效，旨在防止使用塑性炸药危害航空器的非法行为。公约序言中表示，本公约缔约国，意识到恐怖主义的行为对世界安全的影响；对以摧毁航空器、其他运输工具以及其他目标为目的的恐怖行为表示严重关切；对利用塑性炸药实施此类恐怖行为十分忧虑；鉴于注标塑性炸药便于探测，对防止此类非法行为具有重要意义；承认为防止此类行为的发生，紧急需要制定一份国际文件，使各国承担义务并采取适当的措施，以确保塑性炸药按照规定注标；鉴于联合国安全理事会 1989 年 6 月 14 日第 635 号决议和联合国大会 1989 年 12 月 4 日第 44/39 号决议，强烈要求国际民用航空组织加强工作，以建立一种注标塑性炸药以便探测的国际制度；考虑到国际民用航空组织大会第 27 届会议一致通过的第 A27-8 号决议，批准以绝对优先安排，准备一份关于注标塑性炸药以便探测的新国际文件达成协议。①

　　以目前的国际反恐立法乃至国际刑事立法公约来看，如果对国际反恐合作立法进程进行经验反思，则会发现存在着如下两个基本特征和问题。第一，涉及同一个主题的犯罪立法却有着几部相关的公约，比如"危害和使用武力威胁联合国保护人员""劫持人质""危害联合国和应受保护国际人员"三种罪名，各有自身相应的公约立法，然而其实涉及相互重叠的犯罪内容。另如，1969 年《东京公约》、1970 年《海牙公约》、1988 年《蒙特利尔附加议定书》都涉及劫机犯罪这个相同的主体，所调整的犯罪客体即保护利益也相同，学术界对这种立法资源的浪费仍然无法理解，这种现象之所以存在，恐怕也绝非法律框架内能够解释得清的，似乎应诉诸政治外交框架内的理解。第二，某些立法文件的初衷是惩治某一项国际犯罪，然而类似于国际关系理论中所谓的"溢出效应"或者法理学中所谓法自身具有的功能效应，使其超越原本的调整范围而被运用于更多的主题和犯罪惩治。比如《联合国打击跨国有组织犯罪公约》《联合国禁止非法贩运麻醉药品和精神药物公约》《联合国反腐败公约》《制止向恐怖主义提供资助的国际公约》（都属于国际反洗钱公约系列）等公约的逐渐完善和实践，已经有效地扩展至反恐法律实践中来，并为惩治国际恐怖主义犯罪提供了有效的立法支持。

---

　　①　http://www.caac.gov.cn/L1/L5/L5_3/,2018-03-25。

目前国际上共同认可并普遍接受的 13 部反恐公约包括：1973 年《关于防止和惩处侵害应受国际保护人员包括外交代表的罪行的公约》；1979 年《反对劫持人质国际公约》（该公约宣布劫持人质罪是引起国际社会严重关切的罪行，是国际恐怖主义的表现①）；1980 年 3 月 3 日《核材料实物保护公约》（及其修订案）；1971 年 9 月 23 日订于蒙特利尔的《制止危害民用航空安全的非法行为的公约》的议定书；1988 年 3 月 10 日《制止危及海上航行安全非法行为公约》订于罗马（该公约内容的确定受到 1985 年 12 月 9 日联合国大会第 40/61 号决议的影响）；2005 年《制止危及海上航行安全非法行为公约》的议定书；1988 年 3 月 10 日订于罗马的《制止危及大陆架固定平台安全非法行为议定书》及其 2005 年议定书；1991 年《关于注标塑性炸药以便探测的公约》；1998 年 1 月 12 日《制止恐怖主义爆炸的国际公约》（该公约受到 1994 年 12 月 9 日联合国大会第 49/60 号决议所附的《消除国际恐怖主义措施宣言》以及 1996 年 12 月 17 日第 51/210 号决议及其中所附的《补充 1994 年〈消除国际恐怖主义措施宣言〉的宣言》的影响）；1999 年《制止向恐怖主义提供资助的国际公约》；② 2005 年 9 月 14 日《制止核恐怖主义行为国际公约》。③

此外，由印度提出倡议而国际社会尚在致力于草拟的《关于国际恐怖主义的全面公约草案》目前仍然处在艰难的探索阶段。

---

① 邵沙平：《国际刑法学》，武汉大学出版社 2000 年版，第 214 页。

② 该公约明确指出，危害海上航行罪行属于国际法上的恐怖主义罪行。危害大陆架固定平台安全罪行属于国际法上的恐怖主义罪行。危害国际航空罪行属于国际法上的恐怖主义罪行。该公约进一步补充了控制侵害应受国际保护人员罪行的国际刑法规则……侵害应受保护国际人员罪行属于国际法上的恐怖主义罪行。参见邵沙平：《国际刑法学》，武汉大学出版社 2000 年版，第 219、221 页。此外，值得注意的是，巴西奥尼指出，关于资助恐怖主义犯罪的仅此一项公约。

③ 其中特别强调了"回顾 1995 年 10 月 24 日《联合国 50 周年纪念宣言》"和"铭记 1980 年《核材料实物保护公约》"，并审议了大会 1996 年 12 月 17 日第 51/210 号决议所设的特设委员会和第六委员会工作组所拟订的制止核恐怖主义行为国际公约草案。

　　从总体趋势来看，在上述几部涉及海洋安全问题的国际公约中，对恐怖主义犯罪的界定内容所占的比例相对增大，所界定的要素依据也相对更加完善，这主要是由于海上恐怖主义犯罪的产生较早，从而针对海上恐怖主义的反恐立法也相对具有更为丰富的立法经验。这也从一个侧面反映出恐怖主义犯罪近年来所呈现的变化和特点。

　　以 1988 年《制止危及大陆架固定平台安全非法行为议定书》为例，该议定书对于破坏大陆架固定平台行为的犯罪要素的界定可以说是关于海上恐怖主义犯罪立法的颇有成效的拓展。该公约认为以下六种行为的事实存在并且同时具有主观故意，则构成犯罪，包括"以武力或武力威胁或任何其他恐吓形式夺取或控制固定平台""对固定平台上的人员施用暴力以至于危及固定平台的安全""危及固定平台的安全直至造成损坏""放置危险物品于固定平台以至于毁坏或危及其安全""在从事上述罪行的过程中伤害他人"，以及"与他人同谋或唆使他人从事上述罪行"六种犯罪行为。

　　中国于 1992 年发布《交通部关于〈制止危及海上航行安全非法行为公约〉和〈制止危及大陆架固定平台安全非法行为议定书〉生效的通知》要求国内的相关机关单位贯彻遵照实行。

　　当代国际反恐立法的一个重要趋势就是，随着恐怖主义内涵、外延的扩大，反恐工作的领域也相应延伸拓宽。以 1999 年《禁止向恐怖主义提供资助的国际公约》为典型代表，反恐目标从单纯打击狭义的实施犯罪、犯罪实施者本人，拓宽到打击预备犯罪、协同犯罪、牵连犯罪等广义的多种犯罪形态。因此，国际反恐公约的进步不能仅仅着眼于国家层面之上，也要兼顾吸收各国国内刑事立法的成熟经验。

　　国际联盟理事会于 1934 年设立了反恐委员会，并于 1935 年、1936 年和 1937 年召开会议，在这三次会议中，分别完成了《防止和惩治恐怖主义公约》第一稿、第二稿、第三稿（定稿），以及《建立国际刑事法院公约》。当然，遗憾的是，这两个国际公约最终由于种种原因没能够发挥法律效力。我们知道，国际刑事法院的建立最终得益于《国际刑事法院罗马规约》的出现，然而，不可否认的是，国际反恐合作的理念为国际刑事法院的最初创立提供了对话空间和制度构思。

三、联合国大会宣言或安理会决议

联合国大会和安理会还相继通过了一些有关反恐与反恐合作的宣言和决议。主要包括以下内容：

1985年12月9日联合国大会第40/61号决议。该决议特别"敦促一切国家(单方面或与其他国家合作)和联合国有关机构，为逐步消除造成国际恐怖主义的根本原因而作出贡献，并特别注意可能导致国际恐怖主义和可能危及国际和平与安全的一切局势，包括殖民主义、种族主义，以及大规模肆意侵犯人权和基本自由和外国占领的局势"。第40/61号决议"断然地谴责在任何地方由任何人从事的恐怖主义的一切行动、方式和做法，包括那些危害国家间友好关系及其安全的恐怖主义行动、方式和做法，为犯罪行为"。第40/61号决议请国际海事组织"研究在船上发生或针对船舶的恐怖主义行为的问题，以便就适当措施提出建议"。

1994年12月9日第49届联合国大会第49/60号决议附件中提出了《消除国际恐怖主义措施宣言》；联合国大会1996年12月17日第51/210号决议通过了《补充1994年〈消除国际恐怖主义措施宣言〉的宣言》，强调政治犯不引渡的规则不适用于恐怖主义罪行。

1996年《联合国关于反对国际恐怖主义措施议题决议》，中国代表在会议上指出，"由于迄今对国际恐怖主义尚无统一定义，也缺乏一个综合性的反对国际恐怖主义的国际公约，因而给国际社会对国际恐怖主义活动采取一致行动以及各国在反对恐怖主义进行有效合作等方面造成了不利影响"。

2001年9月12日第56届联合国大会第56/1号决议，谴责针对美国的恐怖袭击，或称"谴责美利坚合众国境内的恐怖主义攻击"。

2001年"9·11"事件发生后联合国安理会第1373号决议为国际社会打击恐怖主义犯罪、推动国际反恐立法机制迈出了重要的一步，因此被国际法学界称为国际反恐机制发展的分水岭(联合国安理会第 1373 号决议的全文见本书最后的附录部分)。

　　在联合国安理会第 1373 号决议发出的第二天,即 2001 年 9 月 30 日,中国外交部随即发出了《关于执行联合国安理会第 1373 号决议的通知》。此外相关国家尤其是安理会常任理事国也采取了和中国同样的立场和做法。以此次决议的提出以及随后各国的有效回应为例,国际反恐合作的法律机制表现为以联合国安理会决议为核心推动力,各国国内立法(包括部门性法规通知以及行政命令等形式)为并行二元体系的格局,趋于常态化。而这样一种格局,如果从新功能主义国际关系理论的视角来看,可以说是国际机制的一大进步,当然这样一种格局尚未得以清晰确立,其巩固和完善将是一个长期的过程。

　　在外交部发布上述行政通知之后不久,即 2001 年 12 月 29 日,全国人大常委会也通过了《中华人民共和国刑法修正案(三)》,以进一步回应联合国安理会第 1373 号决议。《中华人民共和国刑法修正案(三)》增设和完善了恐怖主义罪名,加大了对犯罪的惩处力度。

　　2001 年 9 月 28 日联合国通过了第 1373 号决议,虽然该决议的直接缘由是美国"9·11"恐怖袭击事件,但是该决议通过禁止资助恐怖主义等相关内容的明确规定,被国际法学界公认为是对国际反洗钱法律机制和各国国内反洗钱法的有效推动。除此之外,第 1373 号决议通过的次年,已经有 164 个国家向安理会下设的特别委员会提交了各自国内反恐立法的进展报告。

　　2001 年 11 月 12 日,联合国安理会通过了《全球努力打击恐怖主义的宣言》,呼吁所有国家"采取紧急措施",全面执行安理会在 2001 年 9 月通过的关于打击恐怖主义的第 1373 号决议。宣言说:"国际恐怖主义行为是 21 世纪中对国际和平与稳定的最大威胁之一,是对所有国家和全人类的挑战。"宣言重申,应当毫不含糊地谴责一切恐怖主义行为,并认为这种行为无论具有什么样的动机和表现形式,也无论在何处发生,由何人所为,均属犯罪行为。

　　在"9·11"事件发生后联合国发布的第 1373 号决议可谓少有的具有重要法律效力和里程碑意义的国际法律文件。而此前屡屡通过的其他反恐决议往往内容重复、少有建树、收效甚微。例如，1983 年第 38 届联合国大会表决的第 130 号决议，1985 年第 40 届联合国大会表决的第 85 号决议，还有 1987 年第 42 届联合国大会表决的第 159 号决议，都很难在法律执行力和强制力方面有所超越。

从 2001 年联合国安理会第 1373 号决议提出以来，一系列联合国大会和安理会决议进入了一个制定高峰期，同时也在推动国际反恐合作的法律机制方面步入了轨道化机制。这些决议包括：防止恐怖分子获取大规模毁灭性武器的措施（2003 年第 58 届联合国大会第 58/48 号决议）；消除国际恐怖主义的措施（2003 年第 58 届联合国大会第 58/81 号决议）；国际预防犯罪中心活动框架内加强国际合作和技术援助以促进各项有关恐怖主义的国际公约和议定书的执行（2003 年第 58 届联合国大会第 58/136 号决议）；在打击恐怖主义的同时保护人权和基本自由（2003 年第 58 届联合国大会第 58/187 号决议）；消除国际恐怖主义的措施（2004 年第 59 届联合国大会第 59/46 号决议）；防止恐怖分子获取大规模毁灭性武器的措施（2004 年第 59 届联合国大会第 59/80 号决议）；在联合国毒品和犯罪问题办事处活动框架内加强国际合作和技术援助以促进各项有关恐怖主义的国际公约和议定书的执行（2004 年第 59 届联合国大会第 59/153 号决议）；在打击恐怖主义的同时保护人权和基本自由（2004 年第 59 届联合国大会第 59/191 号决议）；人权与恐怖主义（2004 年第 59 届联合国大会第 59/195 号决议）；鉴于中东地区"伊斯兰国"恐怖组织的严峻形势，2014 年 9 月 24 日联合国安理会在反恐峰会上通过了第 2178 号决议。

第 2178 号决议表示恐怖主义是对国际和平与安全最严重的威胁之一，决议要求各国采取行动，积极应对外国恐怖主义战斗人员带来的威胁，特别是防止在伊拉克和叙利亚十分猖獗的"伊斯兰国"招募外国恐怖战斗人员并获得资助和支持。①

---

① 《联合国安理会一致通过反恐新决议》，http://world.people.com.cn/n/2014/0925/c1002-25733165.html，2014-09-25。

　　除此之外，在联合国框架内，一系列针对国际重大犯罪问题的专门性国际会议都得到了迅速发展。每 5 年一届的联合国预防犯罪和刑事司法大会于 2015 年 4 月 12 至 19 日在卡塔尔首都多哈召开，这是第 13 届大会，标志着联合国预防犯罪与刑事司法大会发起 60 周年。联合国大会第 67/184 号决议制定了第 13 次大会的主旨——将犯罪预防与刑事司法整合进更广阔的联合国议程以便解决社会经济问题并提升国内与国际法治水平以及公共参与度。根据联合国大会第 67/184 号决议，此次会议基本议程包括"反跨国有组织犯罪的国际合作""新型跨国犯罪形式"以及"国际恐怖主义犯罪"等问题。

　　从目前的趋势来看，以联合国大会决议作为核心展开国际刑事司法合作乃至专门性国际反恐立法合作已经逐步形成机制，开始了轨道化运转。

四、以中亚地区和上海合作组织为基础的区域性反恐公约

　　由于本书将中国参与主导的上海合作组织与中亚地区作为地区反恐切入点，因此这里主要考察中亚国家间以及上海合作组织框架内的反恐公约。具体包括以下条约、协定等：

　　1998 年 7 月中俄哈吉塔《阿拉木图声明》强调共同打击各种形式的民族分裂势力、宗教极端势力、恐怖主义活动、走私武器和贩毒等问题。1999 年 8 月的《比什凯克声明》和 2000 年 7 月的《杜尚别声明》则再次强调了地区反恐合作问题；

　　2001 年 6 月 15 日《打击恐怖主义、分裂主义和极端主义上海公约》；

　　2001 年《"关于建立上海合作组织打击三股势力"的协定》；

　　2002 年圣彼得堡成员国首脑会议《上海合作组织宪章》《上海合作组织成员国关于地区反恐怖机构的协定》及签署上海合作组织地区反恐框架协议书；

　　2003 年上海合作组织《禁毒合作协议》标志着多边禁毒合作机制的形成；

　　2004 年《上海合作组织成员国关于合作打击非法贩运麻醉药品、精神药物及其前体的协议》，即 2004 年上海合作组织禁毒

协议；

2005 年《上海合作组织成员国合作打击恐怖主义、分裂主义和极端主义构想》；

2007 年上海合作组织成员国元首理事会批准了 2006 年签署的《上海合作组织成员国元首关于国际信息安全的声明》，制定了《上海合作组织成员国保障国际信息安全行动计划》；

2007 年《上海合作组织成员国关于举行联合军事演习的协定》；

2009 年《上海合作组织成员国保障国际信息安全政府间合作约定》；

2009 年 6 月上海合作组织首脑峰会《上海合作组织反恐怖主义公约》；

2009 年 5 月上海合作组织会议签署《上海合作组织成员国首次公安内务部长会议关于打击跨国犯罪的联合声明》（简称《公安内务部长联合声明》），涉及"打击跨国犯罪、反洗钱以及保障石油天然气管道安全"；

2009 年《上海合作组织关于应对威胁本地区和平安全与稳定事态的政治外交措施及机制条例》；

2009 年《上海合作组织成员国反恐专业人员培训协定》；

2009 年《上海合作组织成员国打击恐怖主义、分裂主义和极端主义 2010—2012 年合作纲要》；

2010 年《上海合作组织成员国政府间合作打击犯罪协定》；

2011 年《2011—2016 年上海合作组织成员国禁毒战略》及其行动计划；

2012 年上海合作组织安全会议秘书第七次会议审议通过了《上海合作组织应急机制条例修订案》《打击恐怖主义、分裂主义、极端主义 2013—2015 年合作纲要》。

总体来看，经过了十多年的积累和演变，上海合作组织框架下的反恐公约，不论是协定、纲要或是声明，名称的不同并没有影响我们从中发现一条清晰的逻辑主线，即对相关法律概念的界定越来越清晰；对行动主体参与恐怖主义活动的责任越来越明确；对国际司法协助义务的强调越来越明显；对反恐预防措施越来越细化；要求国内法进行转化从而与国际立法接轨的呼声越来越强烈。这其中具有里程碑意义的法律文件当属2009年6月在俄罗斯叶卡捷琳娜召开的上海合作组织成员国首脑峰会上签署的《上海合作组织反恐怖主义公约》，该公约吸收了前面各项公约的成果和不足之处，并为后来的各项公约打下了坚实的造法基础。《上海合作组织反恐怖主义公约》吸收了国际刑法发展的经验，在第十、二十四、二十五条规定了法人参与恐怖主义活动应该承担的具体责任和惩罚措施。公约规定，各方应采取必要的措施，禁止本国境内的法人参与本公约所涵盖的任何犯罪，在遵守各方法律原则的条件下，可以追究法人的刑事责任、民事责任或者行政责任。

为了应对恐怖主义方式的多样化，《上海合作组织反恐怖主义公约》还特别对防范和打击恐怖主义融资活动作出规定。《上海合作组织反恐怖主义公约》对缔约国之间的司法协助机制作出以下安排：各方主管机关可以执行他方提出的请求，包括为追究刑事责任或为执行法院判决的引渡、立法审查、查封扣押财产等。各方在引渡时应当遵守"双重犯罪"原则和"或引渡或起诉"原则。"双重犯罪"原则，即可引渡的犯罪必须是请求引渡国家和被请求引渡国家双方都认为是犯罪的行为；"或引渡或起诉"原则，即发现犯罪嫌疑人的国家如不将其引渡给有管辖权的国家，则不论罪行是否在其境内发生，应一律将案件提交主管当局以便起诉。为确保防止恐怖主义行为的实施者或者组织者滥用难民地位，《上海合作组织反恐怖主义公约》还在第二十三条专门提到，各方应在本国境内采取措施，防止向恐怖主义犯罪嫌疑人提供证明难民地位的文件。在制定反恐预防措施方面，《上海合作组织反恐怖主义公约》第七、八条规定了详尽的预防措施，这些措施包括：要求缔约国定期评估反对恐怖主义的法律文件及实施的有效性；与有关国际和地区组织合作制定并实施反对恐怖主义的措施，包括举行打击恐怖主义行为的演习；设立机构，协调各方有关机关反对恐怖主义的行动；提高反对恐怖主义执法及其他机关人员的职业素质，并为其提供必要的财政、物资和其他保障；对受害者、证人等刑事诉讼参与人以及必要情况下的其他涉及反恐的人员进行保护等。在引导各国国内立法逐步纳入到国际立法方面,《上海合作组织反恐怖主义公约》第九条要求各缔约国应该采取必要的立法措施,将下列行为认定为刑事犯罪:恐怖主义行为;各方均参加的国际反恐公约中认定为犯罪的行为;成立并利用法人机构、各种犯罪团伙实施恐怖主义犯罪的行为;公开煽动、怂恿恐怖主义的行为;招募他人或用其他方式训练人员以便实施恐怖主义的行为;参加恐怖主义组织;资助恐怖主义的行为;为他人提供恐怖主义的犯罪工具、帮助其逃跑的行为等。同时,公约还要求各方将同谋、预备实施恐怖主义犯罪及犯罪未遂认定为应受到刑事处罚的行为。

正如《联合国全球反恐战略》所指出的那样:促进法治、尊重人权和建立有效的刑事司法制度,共同构成反恐斗争的根基。上海合作组织框架内的各项协议、声明以及法律文件在促进法治、建立有效的刑事司法制度方面,通过对恐怖主义及其相关概念的界定、恐怖主义中法人责任的规定、司法管辖原则的确定、深化缔约国的司法协助和一系列反恐预防措施的规定,进一步加强了本组织框架内反恐合作的法律基础,提高了成员国打击恐怖主义活动的能力。

反恐公约绝不能孤立地前行。其他地区在反恐立法合作领域所积累的实践经验也为上海合作组织与中亚地区合作提供了宝贵的法律资源。其中较为突出的有:1971 年《美洲国家组织关于预防和惩治恐怖主义行为的公约》(简称《美洲防恐公约》,其中指出,尽力把本公约中列举的罪行列入各国刑法,如果尚未列入,应迅速接受对本公约规定的犯罪行为提出的引渡要求);1977 年《惩治恐怖主义的欧洲公约》(简称《欧洲防恐公约》)。这两部公约最大的特点和立法智慧就是都仅仅强调恐怖主义犯罪的行为方式,而模糊其政治性和政治目的。再如,1987 年《南亚区域合作联盟关于制止恐怖主义的区域性公约》和 2007 年 1 月 13 日的《东盟反恐公约》,《南亚区域合作联盟打击恐怖主义地区协定》《南亚社会宪章》在将恐怖主义犯罪者列为可引渡对象(《上海公约》《上海合作宪章》也将恐怖主义犯罪者列为可引渡对象)等方面取得的进展也为泛中亚地区合作巩固了基础。1971 年《美洲防恐公约》、1977 年《欧洲防恐公约》、2001 年欧盟《反对恐怖主义法案》、上海合作组织《打击恐怖主义、分裂主义和极端主义上海公约》、联合国大会第六委员会《关于国际恐怖主义的全面公约草案》等主要的国际反恐公约或者草案，其内容都并未将恐怖主义犯罪的政治性诉求作为定义恐怖主义犯罪的法律要件。这说明政治目的在认定恐怖主义犯罪的过程中会带来种种主观问题，比如各国的政治利益以及双重标准等问题。国内有的学者也明确指出，"若对恐怖主义犯罪的目的认定在政治诉求这一个狭小的方面，对恐怖主义犯罪的认定就会受到极大限制，不利于对恐怖主义犯罪的打击，并会严重影响打击国际恐怖主义犯罪的国际合作。"①

正如国际刑法并非司法实践的产物，在其规则和概念被归并入国际习惯法，包括国际条约、国际协议的情况下，其书面形式才得以形成。② 因此，反恐立法的完善和演进更多需要反恐合作国际行动的实践经验的积累和反思，以此推动司法实践的发展。区域性反恐立法只有与联合国框架下的国际反恐公约以及各国国内立法相互协同作用，共同引导国际反恐合作机制，才能够彼此强化、相得益彰。

五、有关国内立法

目前各国主要通过国内立法来确立恐怖主义犯罪行为，有的国家如俄罗斯、美国对于反恐单独立法，有的国家如中国则将恐怖主义罪行放在国内作为部门法的刑法里面以条款形式列举。虽然参与国际反恐立法条约势在必行，也是大势所趋，但是各国参与的力度尚有欠缺，如果说国际反恐立法条约的参与是国际社会的客观要求，那么真正有效地顺应这一客观要求则需要各国国内立法者的主观努力。这里所需要的不仅仅是如何通过国际条约的纳入和转化使之进入国内立法程序，同时也需要各国的行政执法机关拿出切实可行的实施机制来协助各国进行国际反恐，不能仅仅停留在国内立法

①　夏勇、王焰：《我国学界对恐怖主义犯罪定义研究的综述》，载《法商研究》2004 年第 1 期。

②　[美]巴西奥尼：《国际刑法导论》，法律出版社 2006 年版，第 171 页。

与国际立法互不相关的双轨制状态之下。

国际反恐合作中面临的另一个敏感区是海外反恐。当今反恐的两大转向，一是由国内反恐转向海外反恐，二是由地区性反恐转向全球反恐。美国在"9·11"之后设立了国土安全部，将反恐重点从国内反恐转向海外反恐，小布什还提出了进攻性防御、先发制人的单边主义政策等，甚至公然进入作为一个主权国家的阿富汗来越俎代庖地摧毁塔利班组织。这样的反恐行为是违背国际法基本原则的。然而，面对例如恐怖主义劫机事件，《东京条约》明确地指出相关缔约国家有将犯罪嫌疑人引渡给具有管辖权的主管当局的国际义务，而且应加强应急反应机制以便有效地对人质进行救援。

随着国际恐怖主义犯罪呈现愈演愈烈的局势变化，各国国内一直在不断完善适合自身内部特殊国情的反恐立法，而国内反恐立法中一个重要的内容就是首先对恐怖主义犯罪进行符合各国司法利益与意识形态的法律定义。相对于各国国内立法零零散散、参差不齐的反恐措施与机构归属等琐碎事项，对诸多的恐怖主义犯罪定义进行简单的回顾是更有裨益的。

1. 以色列

由于众所周知的历史原因，以色列在其民族史上饱受恐怖主义的伤害。虽然以色列在立法的完备性上不及美国、俄罗斯。但是却有着自身的深刻理解和把握。《以色列预防恐怖主义条例》与以色列这个国家同时诞生，说明这个命运多舛的国家面临着严重的恐怖主义威胁。以色列国内反恐立法最突出的贡献就在于较早地对恐怖主义犯罪的有关要素进行常识性的界定。《以色列预防恐怖主义条例》第一条"概念的界定"措辞严谨地规定："恐怖组织"是由那些以暴力行动造成人员伤亡，或威胁要采取暴力行动的一群人组成的团体。"恐怖组织的成员"是指两种人：一种是隶属于恐怖组织的成员；另一种是参与恐怖组织的恐怖行动，并为恐怖组织及其行动或目标的实现做宣传，或为恐怖组织提供财物等的人员。

在 1948 年《以色列预防恐怖主义条例》的基础上，以色列于1980 年、1986 年、1993 年三次做出了修正案。

1972 年 9 月，联邦德国慕尼黑奥运会举办期间，巴勒斯坦极端恐怖组织"黑九月"的 8 名恐怖分子闯入奥运村以色列选手驻地，当场击毙了两名以色列运动员，绑架了 9 名运动员。其要挟以色列政府释放关押的 234 名巴勒斯坦政治犯但被拒绝，随后以色列的营救行动失败，9 名人质全部毙命。

随后以色列摩萨德对"黑九月"组织实施慕尼黑惨案的报复虽然可以称得上是一种有效的反恐行动，然而其所运用的暗杀等以暴制暴的手段是否符合国际法的一般准则还有待商榷。即便是国际关系交往中有经常使用的法律限度内的报复与反报复措施，摩萨德的行为是否符合这一标准也值得反思。以此为思路，对历史案例进行国际法维度的分析成为当今国际恐怖主义犯罪研究的新路径。

2014 年 11 月 18 日，耶路撒冷的一间犹太教堂遭到恐怖袭击，两名巴勒斯坦男子手持刀枪闯进一间犹太教堂进行袭击，致使包括一名警察在内的 5 人死亡。其他五名死者中，三人为美国、以色列双重国籍，另一人有英国、以色列双重国籍。此次恐怖事件遭到包括联合国秘书长在内的联合国主要官员的强烈谴责。"以色列总理内塔尼亚胡表示，将对袭击事件予以重拳回击，并指责巴勒斯坦哈马斯武装与巴勒斯坦当局的纵容造成这一局面。巴勒斯坦总统阿巴斯办公室则发表声明称，阿巴斯一贯谴责任何一方杀害平民的行为，并谴责发生在西耶路撒冷犹太教堂的针对祈祷者的袭击。"①

2. 法国

法国反恐立法的情况与中国比较接近，其反恐立法以多项条款的形式体现在法国 1994 年《刑法典》中。在《刑法典》中，法国对恐怖主义的定义为："旨在通过威吓或恐怖手段，严重扰乱公共秩序的个人或集体的行为。"其后，法国《刑事诉讼法典》在第 15 部分还专门规定了对恐怖主义行为的起诉、预审和审判的相关程序。

3. 英国

英国和日本都是在"9·11"事件后才真正深化国内反恐立法，因此在立法的严谨性方面远不及俄罗斯。2001 年 12 月 19 日开始生

---

① 《耶路撒冷犹太教堂遇袭事件再增一死者》，http://www.chinanews.com/gj/2014/11-19/6790848.shtml，2014-11-19。

效的英国《2001—2002 年反恐怖、犯罪及安全法》吸收和借鉴了《2000 年反恐怖法》。在草拟该法案的过程中，英国国防部以及财政部和内务部，甚至地方政府和外交与联邦事务部等各主要部门都积极参与，这反映了英国国内跨部门合作执行反恐具有较高的程度。

4．日本

日本内阁会议于 2001 年 11 月 16 日发表了《关于落实反恐怖特措法对策的基本计划》(简称《基本计划》)，在美国发生"9·11"事件后，日本国会众议院正式通过了《反恐怖特别措施法》，其中规定：日本自卫队可以向美军等外国军队提供包括武器、弹药在内的物资的补给、运输、医疗和通讯等方面的支援；对战斗中的遭难者进行搜索、救助；对难民等执行救援任务等，并且放宽了自卫队使用武器的限制。该法案实际上为自卫队海外派兵、动武提供了法律依据，将对日本的和平宪法和安保政策产生深远影响。《反恐怖特别措施法》与《基本计划》紧密联系，关系密切，前者将指导后者实施难民救助以及国际合作救援搜索一系列活动。

5．俄罗斯

对于恐怖主义犯罪的明确定义，我国的立法尚存在缺憾。在这方面，其他国家的国内立法可资借鉴。比如 1996 年《俄罗斯联邦刑法典》第 205 条明确指出，恐怖主义犯罪是指实施爆炸、纵火或者其他具有造成他人伤亡、巨额财产损失危险或造成其他社会危害后果，危害公共安全，侵犯他人或影响政权机关通过决定以及为达此目的以实施上述行为相威胁的行为。

6．西班牙

西班牙 1997 年《西班牙反恐怖法条款的修改及解释》中对恐怖主义犯罪是这样进行描述性定义的：尽管有关"恐怖主义罪行"的概念及其所涉及的范围存在各种不同意见，但大多数人一致认为恐怖犯罪是一种有组织、有计划、以暴力为特点的行为，企图伤害人的生命、身体和自由，破坏公共和私有财产，达到某种政治和社会目的，或力图造成社会恐慌。

西班牙的相关反恐立法主要体现在其宪法与组织法的相关条款

中。西班牙宪法第 55 款第 2 条写道：组织法可以单独授权，或以必要的司法干涉方式或在议会适当的授权下明确中止那些与武装团伙或恐怖活动有关的人的基本权利。

可以看出，组织法在西班牙反恐行动中具有重要而且特殊的作用。组织法本质上是行政法律法规，西班牙宪法赋予组织法如此特殊的地位，可见，西班牙在反恐过程中，其行政干预司法的程度之深，这样无疑会陷入我们上文提到的和美国"9·11"之后一样的困境——强有力的政府干预导致公民个体权利的损害。

西班牙组织法随后多次对宪法、刑法、犯罪审理法进行替代性修改，其地位显然已超越其他相关反恐立法之上，即"位阶"较高。1995 年第 10 号组织法又出台了补充条款，专门对恐怖主义犯罪进行界定和惩治。补充条款第 571 条规定：加重对以破坏宪法秩序或者严重扰乱社会和平为目的的武装团伙或其他恐怖主义组织或集团成员和为之服务或与之合作的犯罪分子所犯罪行的刑罚力度。这些成员和犯罪分子就是恐怖主义分子，其所犯罪行就是恐怖主义罪行。

7. 德国

德国在司法实践中坚持，在法律适用的事实与要件尚不充足的情况下，国家不能贸然通过行政权力来侵犯公民权利，即坚持法治国家原则。因此，在美国发生"9·11"事件之后，部分恐怖犯罪嫌疑人在德国被抓，而德国法院以证据不足为由对犯罪嫌疑人作出了无罪判决。在司法实践中，大多数国家对于涉及国家安全的犯罪，往往不经司法程序而以行政权力进行干预，并且这一事实还通过诸如国家安全法等立法形式得以确立，而德国在这方面的实践的确稍有不同，孰优孰劣，尚有待商榷。

在德国刑事诉讼法律的实践中，"证据禁止"原则是德国刑事诉讼的法律基础，而国家安全往往以人权的一些牺牲为代价，因此"证据禁止"原则中的法治精神、人权保护精神与国家安全的维护存在一定张力。法治国家的精神要求，司法调查的过程中，查明犯罪事实这一价值诉求并不是最高的价值，而任何一部国家安全法都以国家主权的稳定为最高价值，即使要以牺牲人权为代价。

8. 美国

美国的反恐怖法，全称《美国捍卫与加强本土安全采取防范与打击恐怖主义举措的法案》，这个法案的全称恐怕鲜为人知，但是其简称《爱国者法》则为学界和政界所共知。该法于 2001 年 10 月即"9·11"事件之后的第 45 天，由国会通过并批准，由总统布什签署生效。后来也有学者将此法案翻译为《为拦截和阻止恐怖主义犯罪提供所需适当手段以团结和加强美国法》。此项立法中的第三条为"2001 年国际反洗钱斗争与反恐怖融资法"，特别针对恐怖主义相关的上游犯罪明确了关系属性，进而美国又在此基础上完善了银行保密法修正案，而后者的精神原则，成为后来影响《美国法典》《联邦存款保险法》《联邦储备法》相应条款的重要推动力量。而这些相关部门法律的完善和修改都在惩治恐怖主义上游犯罪的洗钱罪方面作出了贡献，从而最终成为国内反恐立法的重要环节。

美国 1996 年《反恐怖主义和有效死刑法》中的相关条款，用来修正 1976 年的《外国主权豁免法》，据此美国法院可以对暗中支持恐怖主义活动的外国政府拥有管辖权，在国内法院对其进行起诉和审理。① 学界称其为"恐怖活动例外条款"，即国家恐怖主义活动使国家免除国家豁免权。

在国际反恐的实践上，唯独美国坚持，当国家从事恐怖主义活动或者暗中支持恐怖主义的时候，不享有国家豁免。

9. 澳大利亚

2014 年 9 月 27 日据新加坡《联合早报》报道，澳大利亚参议院通过了一套更严厉的反恐法案，允许澳洲情报机构全方位监控互联网，而泄露国家机密者将面对长达 10 年的监禁。

根据新法案，澳洲安全情报机构将被赋予更大的权力，在监控某个目标时，可在仅获得一次授权的情况下，登录电脑网络中不限数量的电脑。由于法案没有列明"电脑网络"的定义，这导致人权组织、律师、学者和媒体批评该法案基本上允许情报机构监控整个互联网。

---

① 陈纯一：《国家豁免问题之研究》，三民书局 2000 年版，第 236 页。

新法案也规定，任何人包括记者、告密者或博客，若"不慎泄露与特别情报行动相关的信息"，将面对长达10年的监禁。暴露安全情报组织特工身份的人，最高刑期将从目前的一年延长至10年。另外，安全情报组织将在某些情况下获得刑事与民事豁免权。许多人担心，安全情报组织会因此滥用其监控权。对新法案投反对票的澳洲绿党就批评新措施过于极端，并将导致情报机构的"权力不断扩张"。不过澳洲司法部长布兰迪斯回应说，在这个"新危险时代"，赋予保护国家的机构所需的权力和能力是至关重要的。

相对于世界上其他主要受恐怖主义滋扰的国家而言，澳大利亚的受害程度是最轻的，而且从地缘政治上讲，澳大利亚也远离恐怖主义的"邪恶轴心"。从这一角度而言，该法案的出台未免过于严苛，也引起了众多本国公民的怨言，认为是对公民权利的侵犯。然而如果反观近些年来澳大利亚所面临的国内外的宏观局势，例如其作为美国亚太安全盟友的前线地位，以及美国"棱镜门"事件给澳洲带来的不良影响，都要求澳大利亚当局尽快稳定局势，树立政府权威，因此，从这一角度来讲，该法案的出台又是具有一定必要性的。

近几十年来，很多国家和地区纷纷完善刑法立法，加大预防和惩治恐怖主义犯罪的力度。越来越多的国家对原有的刑法进行了修订完善。法国、德国、俄罗斯在刑法典中增加特别条款；古巴等国制定了单行刑法；英国、美国、澳大利亚等国推出了专门的反恐法，其中包括大量的刑法内容。在反恐的时代背景下。在刑法发展史上，"9·11"事件和联合国安理会第1373号决议的制定可以作为一个分水岭，在此之后，刑法在反恐怖斗争中的作用日益彰显，刑法立法从临时的应对措施，变成长期稳定的促进反恐怖斗争开展的配套措施。早在20世纪中期，以色列、英国等国就迈出了特别刑法立法的步伐。恐怖主义在此时期仍然属于国家性、区域性的问题。

此外，国外刑事立法还具有如下几个特点，值得引起学术界在反恐立法方面的反思。通常，如果某国家对国际刑法所调整的犯罪主体存在支持或者资助等行为，那么关于这一犯罪公约的相应刑法条款就会显得"广而不深"，即数量多而实质含糊不清；反过来，如果是个人实施的与国家行为无任何关联的国际犯罪，比如毒品走私(政府暗中支持的毒品犯罪除外)，对此进行的犯罪立法公约一般比较清晰具体，数量多且内容明确深入。

总体来说，恐怖主义罪行包括：灾害或火灾；危害人民的罪行；危害武装部队、国家安全部队和机构以及自治体和地方实体警察部队成员的罪行；储存武器或弹药，持有爆炸性、易燃性、纵火或窒息性物品或器械，持有以上物品或器械的配件，以任何方式生产、买卖、运输或供应以上物品或器械或其配件，配置或使用以上物品或器械或与其相关的工具；损害国家高级机构的罪行；非法拘禁；绑架，以及挑衅、阴谋或建议实施以上罪行的行为。然而每一个国家由于国情的特殊性、司法发展社会基础的不同，以及各国恐怖主义类型和根源的巨大差异，导致不同国家的国内反恐立法中的相关界定显得迥然不同。

国际条约在一国国内的位阶问题也是造成各国反恐立法差异的法理根源，因而也是一个必须关注的重要问题。目前各国所存在的几种位阶关系在中国国内学者的不同观点中也都有相对应的分类，例如，认为国际条约高于国内宪法；国际条约等同于国内宪法；国际条约低于国内宪法但高于一般国内法。对宪法持有二元论的国家一般要求议会批准之后才使已经签字的条约在国内生效，而对宪法和国际法持有一元论的国家则直接将已经签署的国际条约纳入本国司法体系。

《国际刑事法院罗马规约》第二十一条写道："……无法适用上述法律时，适用本法院从世界各法系的国内法，包括适当时从通常对该犯罪行使管辖权的国家的国内法中得出的一般法律原则，但这些原则不得违反本规约、国际法和国际承认的规范和标准"。可见，各国的国内立法和司法实践都会对国际反恐法律机制的进步和完善起到推动作用。后者不过是前者的一般法律意志的集中体现和最低程度的法律共识。

同时，国内司法体系对国际反恐法律精神的贯彻具有更严密、更完备的法律特性。虽然巴西奥尼指出，"各国将国际刑法禁令纳入本国刑法中，这一事实并不能消弭国际刑法文件欠缺严密性的特点"，因为"国际刑法文件的欠缺最主要的原因是起草的外交代表不具备技术性的专业知识"①。

"为达到合法性原则目的，国际刑法直接执行制度与国内刑事司法体制浑然一体。"因此，为提高反恐工作的执行效率，势必更多地将国际条约纳入国内司法体系，在执法层面更多地体现国内警务部门的角色(并在此基础上运用国内警务部门的跨国合作)。

在进行国际合作的相关国家之中，各国对待国际条约的一元论或者二元论政策，直接影响着各国落实国际反恐条约的效力，以及参与反恐行动的执行力。倘若一国实行的是一元论的国际法政策，那么只要该国批准了相应的国际条约，就会承担起相应的国际法律义务，其国内法也会受到约束，也就无需再经过议会批准或者国内立法通过等其他步骤。显然，一元论更有利于国际反恐合作达成共识，以及有效展开行动。

究竟哪一种政体、哪一种司法体制更有利于贯彻执行国际条约法律义务，目前尚难以妄下定论。譬如西班牙 1985 年《关于司法权的法律》第 65 条规定："当西班牙的法律规定或者根据国际条约的规定西班牙有此义务时，允许适用普遍管辖权的规定。"而与此同时，英、美等海洋法系国家普遍适用二元论，即国内立法与国际条约相互独立，从而为绕开国际法准则推行单边利益创造了空间，形成了鲜明的反差。

恐怖主义犯罪定义行为本身也存在着政治立场的激进与否、左与右的区别，在发达国家往往表现为政治双重标准，在发展中国家往往表现为定义过于宽泛或极端。一些学者甚至把一般国内刑事犯罪也纳入恐怖主义范畴，这在目前的社会认知水平之上，实在令人难以接受。比如《兰州晨报》2002 年 8 月 21 日第 3 版刊载的《强奸就是恐怖活动》；又如秘鲁 1992 年 5 月 5 日通过的第 25475 号法"恐怖主义罪的刑罚和调查，审理及司法程序"，声称"一个人或若干人为在公众中或部分公众中挑拨、鼓动或维持一种焦虑、惊吓或

① [美]巴西奥尼：《国际刑法导论》，法律出版社 2006 年版，第 183 页。

恐怖的状态所从事的活动，其目的是要改变权力结构或者建立一种集权政府形式"，显然具有太多的意识形态色彩和政治属性，难以从纯粹的司法角度来将其落实。

中国人民公安大学的张杰老师还专门提出了"反恐主体的国际化"与"反恐客体的国际化"。虽然恐怖主义的根源带有全球性，但是它产生于国内，其社会基础最初也生根于国内，然而随后却跨国转移。国际法的不完善和不平衡发展使恐怖主义走向国际化。国内立法与国际立法如同一体之两翼，应该齐头并进，才能使恐怖主义无处藏身。①

"法律文件对约束非缔约国的法律规范进行了重述。当然，这不是条约自身的法律规范，而是约束非缔约国的同等习惯法规范。"②因此缔约国彼此之间的反恐法律实践对非缔约国的意义不仅在于内在的示范作用，也在于对其习惯法和反恐理念的外在约束和推动。

第五节　地区反恐合作——以上海合作组织与中亚地区为例

"美国自'9·11'事件后短短几年借反恐之机向中亚渗透，与英国在吉尔吉斯斯坦等中亚国家暗设民间组织，据说 2004 年在此知名的美国非政府组织达上万个，旨在控制该地区政局和资源分配权，从战略上提高控制中国后方的能力。中亚的地缘战略价值的提升增强了中国的外部安全压力"③。

2014 年 9 月 12 日习近平在塔吉克斯坦首都杜尚别出席上海合作组织成员国元首理事会第十四次会议的时候同俄罗斯总统普京会谈，强调应该发挥上海合作组织框架内安全和经济两个"轮子"同

---

① 张杰：《反恐警务合作》，中国政法大学出版社 2013 年版，第 135 页。
② ［美］巴西奥尼：《国际刑法导论》，法律出版社 2006 年版，第 191 页。
③ 张杰：《反恐国际警务合作》，中国政法大学出版社 2013 年版，第 121 页。

步运作的协调效用。

中俄两国反恐武装力量都以警察为主、军队为辅，这也是国际上大多数国家的情形，除了像美国这样以海外反恐为主导的国家，是以军队力量为主的。中亚国家彼此之间的这些共同制度特性也为中亚地区开展反恐合作创造了先天的积极因素。

由于中国西北边陲恐怖主义形势的衍生发展，中国周边外交的总体理念也随之不断调整升级。王逸舟老师提出的"创造性介入"这一概念便指出了新时期中国外交正在以更灵活、更具有创造性的方式参与国际安全合作。特别是在以上海合作组织作为平台的中亚外交领域，中国外交摒弃了传统被动防御，着眼国内的态势，转而以更加积极有为的负责任的大国角色来主导地区安全。正如美国学者 Eugene Rumer 指出，"美国在中亚的优势对于谋求亚洲超级大国地位的中国来说是一个挫折"（参见赵华胜《中国的中亚外交》）。西方学者更多的是看到一个带有威胁性的崛起中的大国，尽管这并不完全属实。另如一些西方学者称上海合作组织为"东方北约"，这样一种冷战思维的延续是完全不利于开展国际反恐合作的，即便是在中亚区域内开展反恐合作，也会受到来自西方的外部干涉，中亚国家与北约建立的"和平伙伴关系"某种程度上就暗示着这样一种潜在的不稳定因素。作为中国和俄罗斯共同主导的上海合作组织唯有强化反恐合作的法律属性并淡化其政治属性，才可以有效避免这类多边合作对话窗口变质为大国博弈的武器和工具，甚至成为大国手中的一粒棋子。

比如，美国成立国土安全部，采取海外反恐、先发制人等战略，反映出决策者将安全威胁定位在海外。而中国所面对的恐怖主义威胁似乎与俄罗斯更为接近，中俄两国同样都面临着更多的国内安全问题(尽管恐怖主义势力都有跨国性与国际性)。同时中俄两国都面临着"三股势力"的直接或间接威胁，都面临着内部的民族问题，这就意味着上海合作组织的安全合作机制是有其必然性的，这种必然性不仅囊括了能源安全与边界安全，作为合作机制主线的反恐合作尤其显得重要。

2011 年 4 月 28 日，在哈萨克斯坦首都阿斯塔纳，中国公安部长孟建柱出席了上海合作组织成员国第二次公安内务部长会议。成员国代表就打击有组织犯罪、非法移民、毒品走私和网络犯罪等问题进行了交流和对话协商。类似级别的会议推动着部门间跨国合作成为常态。中国与哈萨克斯坦作为重要邻国有着密切的地缘政治联系。由于大量的"东突"恐怖分子在从事跨国有组织犯罪时往往都是从哈萨克斯坦出境，所以中哈两国的合作机制的完善具有十分重要的意义。两国总理的定期会晤有利于两国的区域性合作逐步实现常态化，进一步带动整个中亚区域合作的深入开展。而合作的切入点在于使中亚的区域反恐合作实现政治认知方面的共识，从而为司法合作奠定坚实的基础。在中哈双方的共同努力下，也包括在哈萨克斯坦总理马西莫夫的个人推动下，2012年3月31日中国国务院总理温家宝在人民大会堂与哈萨克斯坦总理马西莫夫举行了中哈总理第一次定期会晤。两年后，应哈萨克斯坦共和国总理卡里姆·马西莫夫的邀请，李克强总理于2014年12月在哈萨克斯坦参加了中哈总理第二次定期会晤，同时也与纳扎尔巴耶夫总统进行了会晤。这一系列双边对话使反恐机制进入了轨道化发展常态。

两年之后，中国与俄罗斯在打击中亚地区跨国犯罪方面也取得了进展。为了推动中俄两国共同打击"三股势力"进行的国际合作，两国共同设立了中俄执法安全合作机制。俄罗斯联邦安全会议秘书帕特鲁舍夫于2014年6月4日至6日在北京参加了中俄执法安全合作机制首次会议和中俄第十轮战略安全磋商。这是中国与俄罗斯在中亚地区开展联合打击跨国有组织犯罪的重要进程。

在目前国际社会对恐怖主义缺乏共识，国际反恐立法条约尚不完善的现状下，通过像上海合作组织这样的地区性国际组织来推动地区反恐合作是十分必要的，也是目前最为有效和可行的合作模式。政治、外交手段的使用是为了达成国际共识，而在国际合作有了一定共识的基础上，司法和执法合作才能够顺利开展，而上海合作组织就起着一个衔接的桥梁作用。

某些西方国家把上海合作组织称为"东方北约"，实际上体现了传统军事安全观的延续，甚至可以说是冷战思维的延续。我们认为应该强化国际反恐合作的法律属性而弱化其政治属性，就是为了防止类似上海合作组织这样的多边合作平台成为政治斗争的利用工具，成为大国政治博弈的一粒棋子。

在区域合作中面临的另一个阻碍，是各国由于治理能力的差异而导致地缘政治上的管理不对称。例如中俄两国与其他中亚国家在边境管理、出入境管理、领事部门护照签证数据管理的完善水平存在差异，甚至参与融入国际机制的程度不同，诸因素都在制约着上海合作组织成员国之间的有效合作。恐怖组织在一国境内的活动空间一旦遇到阻力便会寻求在法制虚弱、制度真空的国家获得喘息之机，待自身实力扩大之后，再向目标国发展。

区域性国际合作机制与普遍性国际组织机制彼此之间存在着微妙的互动关系，同时也相互影响。《联合国宪章》中的第八章专门用"区域办法"一部分来论述联合国与区域性国际组织或区域合作机制进行协调治理的相应措施。其中第五十二条阐述道：本宪章不得认为排除区域办法或区域机关、用以应付关于维持国际和平及安全而宜于区域行动之事件者……紧接着第五十三条又论述道：安全理事会对于职权内之执行行动，在适当情形下，应利用此项区域办法或区域机关。如无安全理事会之授权，不得依区域办法或由区域机关采取任何执行行动。

各国制定双边条约的过程是冗长、繁琐而且昂贵的，然而它们反对多边条约这种更有效的模式。这主要是出于政治的原因，因为双边实践使各国在制定条约时考虑缔约方的政治关系和利益。① 如果说多边机制过于刚性，那么双边机制则如同缓冲剂和润滑剂，在推动国际反恐达成共识的道路上增添了一个过渡环节。可以说，在上海合作组织的合作框架内，中国分别与中亚各国签订双边条约并开展合作的现实经验已经为中亚区域多边合作的开展打下了坚实的基础。

一、中亚恐怖主义与恐怖主义上游犯罪

如果我们以上海合作组织为视角，来观察中亚的恐怖主义犯罪

---

① ［美］巴西奥尼：《国际刑法导论》，法律出版社 2006 年版，第 298 页。

形式，便可以清晰地把握中国参与国际刑事司法合作的几个管辖层面。中亚地区由于经济相对落后，政府治理能力较差，又地处国际战略争夺的核心位置，再加上苏东解体之后处于政治真空状态，人民精神信仰缺失，致使该地区成为滋生恐怖主义的温床。恐怖组织不仅愈演愈烈，而且参与各种形式的上游犯罪，例如贩毒、走私军火、洗钱、劫持人质等刑事犯罪，因此在这一地区的刑事司法合作必然涉及这几个层面的共同管辖和治理。无独有偶，美国前副国务卿 Elliot Abrams 曾指出，拉丁美洲很多国家也存在着普遍严重的政府腐败现象，再加上毒品犯罪、武器走私、洗钱、跨国有组织犯罪、军事力量的斗争等因素与恐怖主义犯罪之间形成恶性循环。例如，哥伦比亚的民间武装组织与腐败的政府相勾结，在地区间贩卖毒品获得收益，给哥伦比亚政府戴上了国家恐怖主义的帽子。而中亚地区犯罪特征呈现出的背后成因则几近于此。

鉴于中国对有组织犯罪特别是拥有境外国籍的犯罪主体的惩治力度较弱，很可能无形中为作为跨国有组织犯罪相关犯罪的恐怖主义犯罪提供了生存空间。因此，中国刑法不仅对恐怖主义犯罪，而且对其上游犯罪、相关犯罪(如洗钱、贩毒、走私、有组织犯罪等)均应提高量刑标准，加大惩治力度。

中亚地区的反恐经验证明，毒品走私已经成为恐怖主义犯罪的主要资金来源，而洗钱又能够使这一资金来源合法化，有效衔接两个犯罪环节，因此成为其上游犯罪。恐怖主义犯罪与毒品走私犯罪、洗钱犯罪等的紧密结合，扩大了对恐怖主义的概念认知和治理操作上的深度和广度。尤其在中亚人口稀少的客观情况下恐怖组织成员同时也兼任贩毒组织成员。①

恐怖主义犯罪与毒品走私犯罪的结合是中亚地区恐怖主义最重要的特点。虽然目前大多数学者认为跨国有组织犯罪不包括恐怖主义犯罪(考虑到恐怖主义犯罪不以经济利益为最终犯罪目的)，但不可否认的是，两者在诸多概念属性上高度重合，在实践中也难以

---

①　张杰：《反恐国际警务合作》，中国政法大学出版社 2013 年版，第 53 页。

准确区分，甚至学界在使用这两个概念的时候也往往会混淆。因此，在对国际犯罪的治理机制上，建议将两者放在一个更宏观和更广义的框架中来认知和对待。

　　一个有组织犯罪的团伙或组织同时也在从事与恐怖主义有关的犯罪，恐怖主义组织同时也在从事毒品的走私、运送和交易活动。①

　　以中国加入《联合国打击跨国有组织犯罪公约》为例，在该公约确立之后，中国的司法部和公安部被指定为参与执行该公约相关责任的主管机关。相信今后联合国如果能够通过一部全面反恐公约，那么这样一种框架将会为反恐合作提供有效的借鉴经验。在上海合作组织对应各国国内的对口机构中，除了中国是由公安部门主管反恐问题，其他国家都是由安全部门主管。中国公安部于2002年成立了反恐局，协调管理成立于2001年的国家反恐怖工作协调小组办公室（反恐办）。中国的安全部更多的是处理来自海外的安全问题。这和上海合作组织其他成员国乃至国际上大多数国家的机构设置是相反的，尽管今天中国所面临的安全威胁更多的是来自海外。当然，俄罗斯也设置了联邦安全局和内务部两个反恐机构，类似于中国的国家安全部和公安部，但是两种机构的权力范围在两个国家是有大小之分的，如上文所言。

　　国内反恐合作（即各部门之间的合作）与国际反恐合作两个层面是各自不断发展的动态过程，当然，这两个层面之间也有一定的互动，在机构设置上体现为公安部与国家安全部的互动（在俄罗斯体现为内务部和安全局的互动）。中国将上海合作组织执法安全事务办公室（简称"上合办"）设在公安部国家政治保卫局。

　　从地缘政治上来考虑，中国除了与中亚几个重要国家接壤之外，还与阿富汗、巴基斯坦这种恐怖主义的"重灾区"接壤，而俄罗斯则不面临这样的地缘政治难题，因此在以上海合作组织为平台的中俄反恐合作中，中国所面临的问题更为棘手。

---

　　①　张杰：《中亚有组织犯罪发展的潜在危险性分析》，载《新疆大学学报》2008年第3期。

二、泛中亚区域合作、泛突厥主义与上海合作组织对话伙伴国土耳其

集体安全合作是反恐国际合作机制的另一种形式，然而由于其带有军事同盟的色彩，往往侧重于以军事战争手段解决问题，而且容易被非成员国攻击其带有军事扩张之嫌。上海合作组织成员国除中国外都是独联体集体安全条约组织成员国，但是后者没有给反恐合作带来多少便利，只有当各中亚国家在上海合作组织的框架内进行协商、立法、司法方面的务实合作时，中亚地区的反恐合作才取得了一些实质性进展。当然，如上文所说，一些西方国家和媒体指责上海合作组织是"东方北约"，这一事实恰恰说明了军事同盟本身的敏感性和很多国家对军事同盟的过敏反应，同时体现了军事同盟作为手段难以达成国际社会更大的一致性，难以吸引更多的国家参与普遍性国际合作。

2013 年时任土耳其总理的埃尔多安在圣彼得堡与俄罗斯总统普京会谈时强调，土耳其正在谋求尽快加入上海合作组织。当时的土耳其外长达武特奥卢也在国际公开场合宣称"土耳其（成为上海合作组织对话伙伴国）的选择是在宣布我们将与上海合作组织成员国共命运"。土耳其本身是西亚地区唯一的北约国家，向来在军事上是西方国家的盟友，然而土耳其放眼东方，向上海合作组织伸出橄榄枝，从中可见上海合作组织自身所有的独特优势以及吸引力。

土耳其这个国家身处亚欧大陆交汇处，横跨两个大洲。土耳其民族又一直与中国新疆和维吾尔族有着极为亲密的联系。在文化上，伊斯兰教的信仰也与中亚各国有着千丝万缕的联系。然而，土耳其政府一直抱住欧盟的大腿不放，在法国等国屡屡投反对票的情况下，仍然执着地要加入欧盟，在外交政策上也一直紧跟美国的步伐，唯美国马首是瞻，却没有与上海合作组织进行合作的实质行动，至今仍然只是上海合作组织的观察国。因此，在地缘政治的基础之上，区域性国际合作机制对于一个国家的吸引力是有差异的，这里应该引起我们对于完善上海合作组织机制建设和国际影响力的思考。

由于土耳其民族与维吾尔族的特殊关系（"土耳其"这一名词在

英文中的词根"turk"与"突厥"同源），且土耳其人自称与维吾尔族本是同宗同族，当然我们不能因此而带有偏见，但是这个情况为"东突"恐怖分子创造了境外寻求生存发展的空间。所以，今后中土关系的发展将面临"东突"问题的考验，而土耳其作为上海合作组织的对话伙伴国，中土两国在上海合作组织框架内的合作对于中国反恐有着不可忽视的意义。

泛突厥主义思潮从 19 世纪开始就一直在土耳其暗流涌动，土耳其由于其独特的地理位置和在伊斯兰世界的经济地位而主动领导着这一思潮。"东突厥斯坦伊斯兰运动"（简称"东伊运"）又称"东突伊斯兰运动""东突厥斯坦伊斯兰真主党""东突伊斯兰党"，是"东突"恐怖势力中最具危害性的恐怖组织之一。其宗旨是通过恐怖手段分裂中国，在新疆建立一个政教合一的"东突厥斯坦伊斯兰国"，其创建人是新疆极端分子艾山·买合苏木。蓝白色星月旗是"东突"的旗帜，除了颜色之外，与土耳其国旗并无二致，这或许只是个巧合，也或许从某个侧面说明了"东突"分子在某些方面对土耳其的特殊认同。1998 年"东突"恐怖分子在中国驻土耳其伊斯坦布尔总领事馆实施了恐怖主义炸弹袭击事件。

时任总理的埃尔多安竟宣称中国在新疆推行"同化政策"。土耳其屡次对新疆暴恐事件发出怪论，埃尔多安甚至使用"种族灭绝"这样的极端字眼，之前他还称要给"疆独"分子热比娅发放土耳其签证。埃尔多安政府发表极端言论正值新疆迅速恢复稳定之时，自称关切新疆维族人生活的土耳其却扮演了一个捣乱者的角色，这也与它同时强调的"无意干涉中国内政"明显矛盾。实际上，土耳其国内也长期存在着少数民族问题。该国《自由报》评论说，如果土耳其支持"疆独"，中国也可以向土耳其提起"库尔德人问题"。

土耳其对中国新疆暴力事件的鲁莽言论甚至让西方都感到吃惊，不止一家西方媒体称其为"最大胆的批评者"。《土耳其自由报》发表文章说："中国的新疆事态发展正搅动土耳其，总理埃尔多安政府所面临的压力上升。鉴于土耳其有许多逃离中国的维族人，而且这些流亡者与能够在土耳其制造严重政治骚乱的极端民族主义和泛土耳其主义的组织联系紧密，面临这种压力是可以理解的"。"如果土耳其呼吁中国尊重该地区人权的界限，以及像是要支持维吾尔族分离主义，显然会引起中国以库尔德人问题和我们国家的少数族裔权益问题回击"。

土耳其从20世纪80年代就一直对本国东部的少数民族库尔德人进行武装镇压，并且土耳其军方在这一过程中打死、打伤的库尔德工人党成员数以万计。其认定的恐怖组织库尔德工人党主要活动在西亚、中亚地区。为打击库尔德势力，土耳其对本国东部和东南部13个省长期以紧急状态治理。然而对于中国的分裂势力，土耳其官方却采取了双重标准，这是自相矛盾的。土耳其自身内部也有颇为棘手的少数民族问题和恐怖主义极端主义势力。对自身内部的恐怖组织"库尔德工人党"尚无法实现有效的治理，以及无法实行有效的少数民族政策。土耳其政府如何能有效制定出针对库尔德人的少数民族政策从而有效地治理国内恐怖主义犯罪事件，在这一方面，中土两国本应该平等对话，在友好互信的基础之上进行交流合作。

整体来说，西方国家对新疆"东突"势力的态度远不如对待西藏达赖集团那样"热衷"，"东突"恐怖分子头目热比娅本身缺少宗教色彩，不如达赖那样对西方有影响力，"东伊运"被美国认定为恐怖组织，这也使"疆独"势力更难以获取西方支持。

很多维吾尔族青年以各种形式从新疆去往土耳其伊斯坦布尔，受到当地各类组织和团体不同形式的支持。在这一过程中往往就被接纳为"东伊运"或者各种国际恐怖组织的成员，很多组织成员之后再通过各种形式返回新疆从事恐怖活动。自20世纪70年代初中土建交以来，土耳其国内支持"东突"分裂势力的呼声始终未曾间断。土耳其国内长期作为一种民族情结的"泛突厥主义"在某种程度上迎合了中国国内的"东突"势力。可以说土耳其是"东突"势力的重要盘踞地，在对新疆局势影响最深的外部环境因素中占有特殊地位。

土耳其还有形形色色的民间组织，例如"东突基金会"自1978年成立以来为土耳其以及邻国的"东突"组织输送成员，"东突教育与互助协会"长期传播恐怖主义思想，并为恐怖组织募集成员。这些组织屡次在中国驻土耳其共和国大使馆外非法集会游行，对土耳其当地官方和民众进行歪曲事实的宣传活动。

1998年，土耳其耶尔马兹政府曾下达限制"东突"反华活动的通令，规定不准"东突"组织在中国驻土耳其共和国大使馆前烧中国国旗、打反华标语，不准包括部长在内的政府官员参加"东突"组织举行的会议或发贺电，不准在一些场合挂"东突"旗，等等。而令人遗憾的是，土耳其现政府在新疆"7·5"事件后实际上又取消了此前的限制令。①

在国际刑事司法合作过程中，一些新的合作模式不断在国际条约中得以确立，例如中国最早涉及国际刑事诉讼移管合作的相关条款是在1992年中国与土耳其缔结的刑事司法协助条约中出现的。应该说，这绝非偶然。中国境外"东突"三股势力由于与土耳其民族特殊的历史渊源，"东突"分子很早就在伊斯坦布尔安家落户，设立联系点。直至后来"世维会"也将其总部设在伊斯坦布尔。因此，加强中土两国司法合作，强化两国理解和共识，任务艰巨，势在必行。

土耳其政界历来在"东突"问题上呈现出两面性的态度，一面同中国政府发展友好的外交关系，另一面却"同情"和支持"东突"势力。虽然它尚未大张旗鼓地公开支持"东突"势力的恐怖活动，却往往默许"东突"势力的一些活动。当然，伴随着国际局势总体的起伏，土耳其政府的态度也不断在这两面性之间摇摆。土耳其政界人士曾于20世纪90年代公开接见"东突"势力骨干分子，曾鼓吹"泛突厥主义"言论，随后却又销声匿迹。

作为新疆三股势力之一的民族分裂主义，应该说与极端主义的产生根源虽然略有重合，但不完全相同。极端主义思想基本如同一般的社会泄愤事件，根源于社会整体发展的不平衡。而民族分裂主义现象，在世界上很多国家都存在，例如法国的科西嘉，西班牙的巴斯克，俄罗斯的车臣，甚至加拿大的魁北克，不胜枚举。它们的政治诉求超越了国家主权，其政治话语模式也非单一的意识形态可

① 《东突为何把土耳其当庇护所》，http://world.huanqiu.com/depth_report/2013-07/4164947.html，2013-7-24。

以涵盖，往往以"泛……主义"的话语形式表现出来。例如泛突厥主义、泛阿拉伯主义、泛伊斯兰主义，甚至广义上的泛法兰西主义、泛日耳曼主义，等等，而中国新疆地区的民族分裂主义基本属于泛突厥主义体系。因此，笔者认为，中国的新疆问题与土耳其的库尔德问题同源，中土两国在解决各自国内恐怖主义问题方面有着广阔的合作空间与合作需求。如果借用国际关系理论中詹姆斯·罗西瑙提出的两极世界政治理论，那么中土两国关系与"东突"恐怖分子、库尔德武装则处在两个体系、三个层级上。库尔德武装广泛分布于土耳其、伊朗、伊拉克等国，而新疆民族分裂主义，也是以境外中亚五国为依托，妄图建立所谓"东突厥斯坦"的泛突厥民族主义政权。

从地缘政治上讲，横跨土耳其、伊朗、伊拉克三国的库尔德民族与绵延中亚诸国的维吾尔族具有相似的地理条件；从国内区域发展规律来看，中国相对发展滞后的西部地区与土耳其相对贫穷的东部地区恰恰都为民族分裂型恐怖主义的滋生提供了土壤。相信这两点规律是普适规律，世界上绝大多数的民族分裂型恐怖主义都可以由此找到类似的分析框架。笔者曾在土耳其生活居住了半年的时间，当地的土耳其人受到不负责任的外媒影响，认为中国政府在迫害和压迫少数民族群体。对于这样一种错误的国际公众认知，急需有效地开展公共外交，以及有效地运用大众传媒的多种方式，来消除国际社会对中国的偏见，引导正确的国际舆论。而要开展这个层面的工作，必然处于国际反恐合作机制这一政府层面之外，应由媒体、非政府组织、公民社会群体等其他多元主体来进行。

三、上海合作组织与中亚区域合作机制的推进

2001 年上海合作组织的成立宣言既是政治宣言，同时也是重要的国际条约。上海合作组织的两个下属机构(秘书处和地区反恐机构)之一的地区反恐机构成为警务合作与实施执法机制的有效载体。甚至可以说，上海合作组织地区反恐机构是地区性的国际刑警组织。

如果我们对上海合作组织框架内的国际合作进行深入观察则会

发现，在实践运行中，更多的是"一对五"（中国对其他国家）模式的大双边或称泛双边合作。这主要是由于在历史传统上中亚国家与俄罗斯文化相近、语言同源，宗教政治体制也有紧密联系。因此俄罗斯往往代替其他国家发出同一个声音来与中国互动。从而，上海合作组织框架内的多边合作仍然是一个理想，而远非现实，尽管国际组织作为多边外交的平台之本质属性是不会被否认的。

统一限制和挤压恐怖主义的活动空间也是上海合作组织采取的较有成效的措施。成员国一般都会制定本国的恐怖组织名单，从立法上禁止其活动。例如，哈萨克斯坦在参与上海合作组织制定恐怖分子名单的过程中，将基地组织、解放党、东突厥斯坦伊斯兰党、穆斯林兄弟会等列入被禁止的名单。① 也有资料证实，中亚极端武装分子不仅受到了阿富汗塔利班的全力支持，也得到了英美金融寡头的背后支持。② 中亚地区各国的法制建设堪忧，而且多以人治、行政权力为中心。那么中国等其他国家与之建立合作就必须主要通过官员之间的体制外联系。一旦人事有所变动，就会增加合作的不稳定性。2009 年 3 月，上海合作组织与阿富汗发表了打击恐怖主义与其他跨国有组织犯罪等一系列联合声明，其中包括："国际社会最迫切的反恐任务之一是完善国际法基础，特别是应尽快商定并通过《关于国际恐怖主义的全面公约》，并制定地区反恐国际法律文件……我们呼吁抵制恐怖主义思潮蔓延，呼吁无条件遵守联合国安理会 2005 年第 1624 号决议。该决议谴责所有恐怖行为，无论其出于何种动机，呼吁各成员国依法制止恐怖行为和煽动恐怖行为，并拒绝向这类犯罪分子提供庇护。认为应扩大民族、种族及宗教间对话，遏制恐怖主义意识形态，借助民间社会，包括宗教领袖、媒体、工商界、教育机构的力量来解决该问题……继续同包括联合国、集安条约组织、欧盟、独联体、欧安组织、北约和'亚信'论

---

① 张杰：《反恐国际警务合作》，中国政法大学出版社 2013 年版，第 82 页。

② 《中国主张加强国际合作打击跨国犯罪》，http://news.xinhuanet.com/world/2009-04/17/content_11196449.htm，2008-10-10。

坛在内的各有关国家、国际和地区组织就打击恐怖主义、毒品走私和有组织犯罪问题开展合作。"①

这里我们看到，国际组织彼此之间的实质性合作以及相应机制的完善，亦是今后推动国际反恐合作的重要一环。

很多区域性国际组织在实际运作中，往往是外交先于立法，而立法活动又先于司法和行政活动，上海合作组织也不例外。然而，随着今后全方位、多领域的立体合作机制的展开，可以考虑在三大合作层次上（外交、立法、司法）凸显司法实践的积极推动作用和导向作用，而外交和各种条约的签署等活动都要以司法实践的现实需要为导向。当然，这些不同层次机制之间的互动在事实上是客观存在的，而决策者应该看到这一客观存在并服从这一客观存在。

反恐立法的完善将是一个长期的过程，其间还要考虑各国国内外反恐合作机制的演进过程，是一个多国互动的过程。印度提议的《关于国际恐怖主义的全面公约》至今仍困难重重，就是例证。然而在可以看见的近期内，相信在上海合作组织的地区合作框架内推动区域反恐立法，将是切实可行的。凭借区域合作的溢出效应，将来有望在更大的国际范围内推进反恐立法以及司法机制的完善。2014 年 2 月 26 日，前美国驻华大使骆家辉在卸任之际，于北京发表了一次简短的告别演讲。在这次仅有 30 分钟的讲话中，他特别指出，中国未来的法制化进程将是影响中国外交的重要因素，也是推进主要大国深化合作的重要因素。区域合作的溢出效应还有可能通过彼此重叠的区域性国际组织而扩大其影响范围，比如上海合作组织的成员国除了中国之外又都是独联体集体安全条约组织的成员国，彼此之间的机制、法律规则必然能够借鉴和弥补。此外，区域间的国际刑事司法合作，应该从传统的程序法合作逐步向实体法合作发展。

---

① 《上海合作组织成员国和阿富汗伊斯兰共和国关于打击恐怖主义、毒品走私和有组织犯罪的声明》，http://www.fmprc.gov.cn/mfa_chn/ziliao_611306/1179_611310/t554795.shtml, 2009-03-27。

第 三 章
国际反恐合作中的刑事司法问题

由于恐怖主义犯罪的跨国犯罪属性以及国际危害性，在国际社会对其进行司法管辖的实践过程中，尚存在各种形式的冲突和阻碍。在第二章中我们探讨了反恐合作的一般法律机制，一个常态化的、稳固的条约法律机制是合作的基础与前提，在形成这个基础与前提之后，我们会发现对恐怖主义犯罪进行司法管辖依然存在着诸多针对国际社会的严峻考验。例如我们下文将谈到，当今国际恐怖主义犯罪与其他重大国际刑事犯罪形成共生关系，相互联结并且形成利益链条，从而使有效的国际司法管辖面临自身执行机制所带来的挑战。

第一节　恐怖主义犯罪与其他国际刑事犯罪

在今天，非传统安全问题向传统安全问题转化的可能性较小，有限的事例如反恐执法转化为反恐战争。而各种非传统安全之间的相互转化则更频繁，如恐怖主义和跨国有组织犯罪、能源安全甚至生态环境等问题之间的转化。从而，上海合作组织的长远发展，不应将目标局限于反恐合作，还要推进禁毒、打击跨国有组织犯罪等多领域的司法合作。这不仅是由于几种类型的国际犯罪之间具有高度相关性，更是由于国际法律机制需要一个完整的自洽性结构以提升组织自身的运作效率。

所谓跨国有组织犯罪，这里的"跨国"不限于两个国家，可能涉及三个甚至更多国家。上海合作组织地区的恐怖活动并非限于本地区，而是遍布10多个国家和地区。① 位于阿富汗、巴基斯坦和伊朗三国交界地带的"金新月"地区，盛产鸦片、海洛因等毒品，其输出流向中的一支，经塔吉克斯坦、乌兹别克斯坦和土库曼斯坦等中亚国家，流向俄罗斯和东欧地区，加上中亚地区普遍落后的经济社会发展水平，毒品销售便成了当地的经济支柱。当地很多恐怖分子一边制毒、贩毒，一边从事跨国有组织犯罪。甚至可以说，在中亚地区，恐怖分子和贩毒分子之间是可以画等号的。

由于中亚地区民族与国家的异质性状态(即国家边界与民族边界的非同一性)，因此，跨境民族往往通过其氏族血缘关系来协调指挥跨国有组织犯罪集团。国际反恐合作也可以通过分析掌握跨境民族的生活特点来治理跨国有组织犯罪，最终切断恐怖主义犯罪的上游犯罪根源。②

不仅如此，能源安全问题也和恐怖主义犯罪结合在了一起。中亚地区恐怖主义犯罪除了通过贩毒走私来获取资金来源之外，还通过盗取俄罗斯、中国、中亚五国的石油资源，进行非法加工并倒卖来获得非法利润。近年来猖獗的恐怖组织 ISIS 还通过大规模破坏西亚地区的古城遗迹和自然资源来获取自身的生存空间，这使得恐怖主义犯罪的牵连犯罪形态日趋多样化。

恐怖组织如同其他跨国犯罪组织一样，具有一定的隐蔽性，往往借助于参与其他的社会活动或市场经营活动而获得表面上的合法

① 张杰：《反恐国际警务合作》，中国政法大学出版社 2013 年版，第 73 页。

② 张杰：《反恐国际警务合作》，中国政法大学出版社 2013 年版，第 63 页。

性；也可能为了获取资金而参与其他性质的犯罪活动，比如贩毒、洗钱、邪教活动，等等。当然，在这其中，宗教的标签成为恐怖主义最青睐的隐蔽途径。因为从社会学角度来讲，"宗教具有一种合法化的解释功能，它为自己的行为和生活方式提供了强有力的合理化辩护"①。由于全球化社会进程的日益复杂性，当今恐怖主义的上游犯罪纷繁多变，比如洗钱、贩毒、走私武器、制造和运输爆炸物等形式的犯罪都与恐怖主义犯罪牵连起来。这也使今天的反恐任务变得越来越艰巨。正如国际法学者巴西奥尼所言："非但国际法院与法庭之间存在竞合管辖权的矛盾关系，即便是不同的重大国际犯罪比如种族灭绝罪、危害人类罪、战争罪之间也存在竞合关系。"②

《中华人民共和国刑法》第一百九十一条，将洗钱罪的上游犯罪规定为毒品犯罪、黑社会性质犯罪、走私犯罪；《中华人民共和国刑法修正案(三)》将其上游犯罪扩大至"恐怖活动犯罪"。

十届人大常委会第二十四次会议于 2006 年 10 月 31 日通过了《中华人民共和国反洗钱法》，其中确立的"反洗钱"的定义，专门涉及了恐怖主义犯罪。"即为了预防通过各种方式掩饰、隐瞒毒品犯罪、黑社会性质的组织犯罪、恐怖活动犯罪、走私犯罪、贪污贿赂犯罪、破坏金融管理秩序犯罪、金融诈骗犯罪等犯罪所得及其收益的来源和性质的洗钱活动，依照《中华人民共和国反洗钱法》规定采取相关措施的行为。"

《中华人民共和国反洗钱法》明确指出，对涉嫌恐怖活动资金的监控适用《中华人民共和国反洗钱法》；其他法律另有规定的，适用其规定。

地区腐败问题也是与恐怖主义犯罪紧密联系的，特别是对于民族主义、分裂主义型恐怖主义。以中亚地区为例，恐怖组织从事跨国有组织犯罪、贩毒、窃取能源矿产、洗钱等恐怖主义犯罪的上游

---

① 胡建奇：《美国反恐跨部门协调研究》，中国人民公安大学出版社 2011 年版，第 76 页。

② ［美］巴西奥尼：《国际刑法导论》，法律出版社 2006 年版，第 124 页。

犯罪，甚或恐怖主义犯罪本身，往往经过当地的官方权力部门的默许，彼此互相利用、狼狈为奸。从另一个层面来讲，权力的腐败也可能成为滋生恐怖主义犯罪的根源，因为权力的腐化必然造成社会不公正、贫富差距过大等扭曲现象，苦于生计和不满社会现状的人由于找不到正常的表达诉求的渠道，只得走向暴力、走向极端、走向恐怖主义犯罪道路，这也是对于中国目前的群体性事件的同理分析。我们在上文中谈到，恐怖主义犯罪与群体性事件有着相似的行为特征以及相似的社会根源。

国际恐怖主义犯罪的类型可谓不断更新，特别是当以不同的行为方式、处在不同的环境背景之下表现出来的时候，更是难以与一些相关的重大国际犯罪进行严格区分。21 世纪以来，海上恐怖主义犯罪事件频发：海上恐怖主义与海盗往往共同制造犯罪来影响海上运输安全，一些恐怖组织甚至转换角色进行海盗行为，对众多国家的民用或军用船队进行袭击，以获取经济的或者政治的利益。从传统上来讲，海盗犯罪和其他跨国有组织犯罪的主要特点之一就是以获取经济利益为犯罪动机；如前文提到的，一些学者主张将恐怖主义犯罪排除在跨国有组织犯罪之外，也是鉴于恐怖主义犯罪的政治性目标和非物质利益为动机的犯罪特点。然而，随着国际形势发展的错综复杂和恐怖主义的不断翻新，今天的国际恐怖主义犯罪动机将政治性质与经济利益融为一体，已经难以严格区分。对于海上恐怖主义亦不例外，它可以借用传统海盗犯罪的行为模式，去劫持、袭击国际公海上的海运船只，其所截获的不义之财又可以作为恐怖组织自身的运作资金，进一步为恐怖主义犯罪提供经济支持。

虽然早在 1958 年的《联合国公海公约》、1982 年的《联合国海洋法公约》中已经对海盗犯罪行为进行了界定，但是随着之后海上恐怖主义犯罪的形势越来越严峻，更多涉及海上安全的国际公约被制定，致使在对海上犯罪的界定方面，需要同时考虑海盗与海上恐怖主义的关联性和相似性。

1988 年《制止危机海上航行安全非法行为公约》及 2005 年通过的该公约议定书，将利用船舶作为手段实施的恐怖行为、蓄意运用船舶运输可能造成严重伤害的危险材料、蓄意运用船舶运送恐怖分子等行为定为刑事犯罪。

　　九届全国人大常委会第二十五次会议修订的《中华人民共和国刑法修正案(三)》,被视为中国历史上的反恐法律修正案。然而,该法案并没有从概念上清晰界定"恐怖主义犯罪是否必须以有组织犯罪为基本构成要件,如何区分一般危害公共安全与人身安全如纵火、爆炸、投放危险物质、绑架、谋杀与恐怖主义犯罪"①等问题。如果说国内恐怖主义犯罪与国内有组织犯罪的关系尚无法界定清晰,那么国际性的恐怖主义犯罪与跨国有组织犯罪之间的关系则显得更加纠缠不清,因为后两者所涉及的法律构成要件更为复杂,且利益相关方呈现多元化特点,国家之间发生司法管辖权相互冲突的可能性更加凸显。

第二节　国际刑事司法协助与警务执法合作

　　段洁龙在《中国国际法实践与案例》中指出:"刑事司法协助一般通过两种途径进行:一是缔结司法协助条约,根据条约的规定相互请求和提供司法协助;二是在没有相关条约的情况下,通过外交途径根据互惠原则相互请求和提供司法协助。"②然而,后者与国际反恐合作的外交机制层面有重合,因此"外交途径下的司法协助"应在国际法律合作机制的广义层面来理解。

　　中国的恐怖组织一般在中亚诸国活动,这一点不同于俄罗斯的恐怖组织分散于欧亚大陆各地区的特点,因此中国的地区反恐合作除了情报合作外,更需要跨国追捕和引渡遣返方面的合作。国家间司法协助的现实需要根源于当今恐怖主义犯罪的跨国性、全球性特征,而这些特征反过来要求各主要国家必须加强国际反恐合作。

　　恐怖主义犯罪是重大国际犯罪,同时也是跨国犯罪。对于两者的不同犯罪特征,我们应该采取稍有区别但又相互关联的国际合作

---

　　①　赵秉志:《国际恐怖主义犯罪及其防治对策专论》,中国人民公安大学出版社 2005 年版,第 35 页。

　　②　段洁龙:《中国国际法实践与案例》,法律出版社 2011 年版,第 232 页。

反恐策略和实施机制。传统的反恐合作一般指刑事司法协助和引渡。然而今天的国际反恐合作所包含的内容更为丰富。

国际反恐合作中关键的一环是引渡合作问题。众所周知，按照一般国际法规则，国家之间并无引渡之义务。引渡之实施通过国际条约进行规范，包括多边条约和双边条约。而前者仅仅是对引渡行为加以概念上的界定，国与国之间相互承诺引渡只能以双边条约形成法律效力。然而相对于目前中国严峻的反恐形势，与中国订立双边引渡条约的国家却屈指可数。不仅如此，某些西方国家还利用这样的态势大搞双重标准，即认为"一些人眼中的恐怖分子是另一些人眼中的自由战士"，并或明或暗地对很多国家国内发生的恐怖主义犯罪行为予以支持，比如美国等西方国家曾经严厉指责南联盟政府打击恐怖组织科索沃解放军的行为"不人道"，并在政治上支持科索沃解放军。这样一种双重标准，违背了国际社会以及联合国公认的准则，即国际恐怖主义罪行是反人类的罪责，任何国家都拥有普遍管辖权并有责任协助其他相关国家进行反恐合作。

对于双边引渡合作问题，中国的态度是，承认政治犯罪不引渡原则，且已在双边条约中体现——1987 年中国与波兰缔结了首个涉及刑事司法协助的双边条约，首次将政治犯罪和军事犯罪列为不予协助的理由。该条约第二十四条第一项规定，如果被请求的缔约一方认为该项请求涉及的犯罪具有政治性质或为军事犯罪，可以拒绝提供刑事司法协助。然而，中国坚决反对一切形式的恐怖主义且反对一切形式的恐怖主义向政治犯罪靠拢。

引渡合作作为反恐国际司法合作的重要环节，是很多国家都面临的敏感问题，虽然国际法上有"或引渡或起诉"的一般国际法原则，然而双边引渡条约对于任何一个国家都属于敏感的政治问题。中国、俄罗斯也不例外。对于大多数国家，引渡合作所带来的困境是普遍存在的问题。2002 年莫斯科人质事件发生后，策划该事件的恐怖分子受到国际社会的强烈谴责，丹麦政府在俄罗斯的强大政治压力之下才逮捕了当时身处哥本哈根的事件主谋扎卡耶夫。可以看出，在反恐国际合作中，特别是司法领域的合作，现实主义仍是主要的决定因素。在国际法的理想主义花环下，两者的辩证关系可以视为反恐国际合作机制的演化进程。

一、国际刑事司法合作

国际刑事司法合作概括起来有四个层次、两种形式。四个层次是指：引渡；狭义的刑事司法协助；刑事诉讼移管；相互承认和执行刑事判决。两种形式是指双边合作与多边合作。其中，狭义的刑事司法协助，其内容包括：刑事诉讼文书的传达、调查取证、解送被羁押者出庭作证、移交物证和书证、冻结或扣押财产、提供法律情报。

司法合作可以理解为广义的司法协助，而司法协助可以理解为狭义的司法合作。在早期，引渡合作几乎成为国际刑事司法合作的全部内容。只是从 1988 年《联合国禁止非法贩运麻醉品和精神药物公约》确立之后，国际刑事司法合作才逐步得以完善并实现其全面而丰富的真正内涵。

至 2018 年 2 月，中国与 71 个国家缔结了近百项涉及国际司法合作的双边条约或者双边协定，其中有关刑事司法合作的条约有42 项，引渡条约 50 项。在多边条约方面，中国加入了《联合国打击跨国有组织犯罪公约》和《联合国反腐败公约》等近 20 项涉及刑事司法合作的国际公约。这些公约对于国际反恐司法合作与中国的司法参与具有重要的推动作用，即便有些公约并没有涉及反恐内容，但是对于反恐的司法合作同样具有参考价值。

美国学者巴西奥尼将国际刑事司法合作划分为八种主要形式。即在传统上国际刑法学界公认的引渡和双边法律协助这两种主要合作形式的基础上又补充了"外国判决的执行""外国刑事判决的认可""刑事程序的转移""冻结和没收犯罪所得财产""情报执法部门的信息收集和共享"以及"区域和亚区域司法空间"六种合作形式。尽管如此，在反恐国际合作机制的执行层面，最为常见的仍然是引渡和外国判决的承认、执行两种途径。

1981 年瑞士《联邦国际刑事协助法》将协助划分为四种主要形式，即引渡、支持国际刑事诉讼的协助、诉讼和犯罪处罚的移管、外国刑事判决的执行。

而中国的情况则有所不同。1996 年《中华人民共和国刑事诉讼法》第十七条规定："根据中华人民共和国缔结或者参加的国际条约，或者按照互惠原则，我国司法机关和外国司法机关可以相互请求刑事司法协助"。

1997 年《人民检察院实施〈中华人民共和国刑事诉讼法〉规则（试行）》第三百八十七条规定"人民检察院司法协助的范围主要包括刑事方面的调查取证、送达刑事诉讼文书、通报刑事诉讼结果、移交物证、书证和视听资料、引渡以及法律和国际条约规定的其他司法协助事宜"。

2006 年《中华人民共和国反洗钱法》第二十九条规定"涉及追究洗钱犯罪的司法协助，由司法机关依照有关法律的规定办理"。

以上三部涉及国际刑事司法合作的国内相关立法是该领域最具有代表性意义的法规。上述三部法律法规初步勾勒出了中国关于国际刑事司法合作的进展和思路，应该指出的是，它们并未像一些西方发达国家那样采用列举的方式对合作内容进行界定，而是以更为宽泛的方式为行政部门、情报执法部门赋予了更广阔的行动空间和诠释空间。

双重犯罪原则是国际司法合作特别是国际司法协助当中的重要原则。该原则要求被请求引渡国家与请求引渡国家的国内立法同时确认某一行为构成犯罪，方予以引渡。对于一般的重大国际刑事犯罪特别是跨国有组织犯罪，这一原则不存在争议，实施起来也颇为高效。然而涉及国际恐怖主义犯罪的时候，由于对待恐怖主义犯罪定义的双重标准问题，就使得双重犯罪原则成为执行引渡合作机制的阻碍，从而让构成国际司法合作重要一环的引渡制度大打折扣。

当然，在这种情况发生的时候，司法合作机制无的放矢，其解决方式便诉诸外交途径。例如《中国和美国刑事司法协助协定》第三条第一款第一项规定："双方可以商定，就某一特定犯罪或特定领域的犯罪提供协助，不论该行为是否根据双方境内的法律均构成犯罪"。其实，这里所谓的"商定"，已经超出了司法的范畴，非协定框架内所能解决的了，不得不进入外交渠道。

根据《国际刑事法院罗马规约》第 93 条第三款所述，被请求国也有权利拒绝对方所要求的司法协助，其本国法律的相关原则可以作为有效依据；而依据第 93 条第四款和第五款，被请求国也可以出于自身国家安全的考虑进行拒绝，此时，通过政治手段解决甚或一些大国通常诉诸的武力干预方式便在所难免。

可以看出，在无法回避的后威斯特伐利亚国际体系的现实主义状况下，尽管国际社会法制化是人类的普遍理想，外交对话仍然是开启司法合作进程、连接国内刑法与国际刑法的必要途径。

另如《联合国打击跨国有组织犯罪公约》第十八条第九款也有类似的规定："被请求国可以在其认为适当的时候在其斟酌决定的范围内提供协助，而不论该行为按被请求缔约国本国法律是否构成犯罪"。

对国际反恐司法合作机制造成阻碍的另一个因素是请求引渡的国家对被请求国的要求过于泛化、笼统，有些学者称之为司法协助当中的非关联性原则。比如，请求国的要求声明中无确切的犯罪嫌疑人的信息，无确切的犯罪证据，不具备必要的法律要件，而带有过多主观性、任意性的要求。对此，被请求国可以认为是对其主权的不尊重，因此可以拒绝合作。这一"非关联性原则"的初衷当然是正当的、善意的，然而在实际操作的过程中，被请求国可能出于政治目的，或者出于对恐怖分子的庇护而对请求国的正当要求进行曲解，或者隐瞒、掩盖真实犯罪信息，甚至使用双重标准等多种手段来使其拒绝合作的行为合法化。当然，如果我们试图对这一国家主权行为进行善意推断的话，也可以认为这样一种情况的存在可能是出于维护国家自身利益、保护本国公民权益。《中国和菲律宾刑事司法协助条约》第三条第六项专门将"被请求方认为"这样的限定语加在"请求提供的协助与案件缺乏实质性联系"一句话之前，明确了被请求国主观判断的决定性作用。对此，是褒是贬，尚难见分晓。只有随着反恐形势的发展，才能慢慢发现改进条款措辞的必要性。

在国际反恐司法合作机制中，由于传统的司法协助机制形成的惯性和路径依赖，各国具体参与的主体部门有所不同。比如美国、加拿大、欧盟各国以其本国司法部为参与主体；而俄罗斯以其最高检察院为参与主体。这又使得合作变得更为复杂且增加了沟通成本，这一客观事实也使得双边合作比多边区域合作更为高效；而多边区域合作较之跨区域合作乃至全球合作更为高效。

中国在参与国际刑事司法机制过程中，采取了相对灵活的多元化策略。根据近十年来中外双边司法合作条约内容显示，中国在与美国、加拿大、澳大利亚、土耳其、塔吉克斯坦、法国等国家的合作中曾指定中国司法部作为主管牵头部门进行参与；而中国与俄罗斯、哈萨克斯坦、吉尔吉斯斯坦、乌兹别克斯坦等国家的合作中曾指定中国最高人民检察院和司法部共同参与。①

这一历史经验充分说明中国在参与国际刑事司法合作过程中充分尊重别国自身制度体系，充分考虑对方在合作过程中的客观需要和局限性，进而运用灵活、多元的合作方式进行参与，这样一种既有的合作模式必然会在今后相当长的时期内塑造并影响国际反恐合作司法机制的开展模式和运行效率，因此，若要不断完善和提升反恐实效，在这个既有的框架体系内寻求更为快捷高效的合作模式（例如考虑各国单设对应主管机关或统一现有合作职能部门），而非打破或试图超越这一框架体系，才是切实可行的反恐策略。

国际法的鼻祖格劳秀斯认为，国与国之间的共同利益构成国际法"或起诉或引渡"原则的法理基础。虽然到目前为止"或起诉或引渡"原则在实践中受到了很多的限制，在推进国际共识方面也是举步维艰，但是各国一致认为包括种族灭绝罪、危害人类罪、战争罪、酷刑罪、恐怖主义犯罪在内的几项国际重大刑事犯罪，应该对其实行严格的"或起诉或引渡"法律原则，并禁止任何国家对其进行包庇和纵容。同时，这些犯罪也不能运用"政治犯不引渡"原则进行任何辩护。

尽管国际引渡合作面临着各种各样的政治阻碍，区域性国际组织框架内的国家间引渡合作被公认为取得了实质性的进展，这其中以欧盟作为典范。欧盟体制内任何一国发起的针对国际重大犯罪的

---

① 黄风：《国际刑事司法合作的规则与实践》，法律出版社 2008 年版，第 128 页。

诉讼和签发的逮捕令，都可以得到欧盟内部任何其他国家的认可和有效执行。这将成为未来区域性引渡合作的国际范例。中国在治理"东突"三股势力的司法过程中，在今后可以预见的一段时期内，以上海合作组织作为有效的区域性反恐刑事司法合作平台，有望对恐怖分子的引渡合作机制深入展开，欧盟的范例对上海合作组织则颇有启发。

条约批准国可以引导其内部立法体系并与尚未批准加入一项条约的国家彼此进行对话协商，从而来逐步推动相关国家之间的司法体制趋同化，进而有助于国际间的司法协助。这样超越司法体制之外的合作方式可以作为缓冲有效地维护国家主权，不至于使个别大国凌驾于别国之上。因此，在这一司法协助过程中，外交途径与政治解决便显得尤为重要。

"如果在缔约国看来，移交某种文件会危及国家安全利益，缔约国可能拒绝司法协助的请求（第72条、第93条第四款），于此种状态，国际刑事法院的起诉方就需要通过有效的手段来保护缔约国国家安全以及相应利益，而缔约国也需要向国际刑事法院的起诉方说明拒绝司法协助的明确理由（第72条第五款和第六款）"①。

因此，不同于两国之间直接开展的双边司法协助，在国际刑事法院框架内开展的多边合作增加了一层屏障，使合作机制更为稳固、可靠，同时也促进了当事国之间的信任与合作常态化。

作为《国际刑事法院罗马规约》的非缔约国，并没有责任和义务对国际刑事法院的请求提供相关的司法协助。不过可以通过其他形式，比如通过国际刑事法院发出的邀请来让非缔约国签订特别协议。如规约第87条第五款所述：

①本法院可以邀请任何非本规约缔约国的国家，根据特别安排、与该国达成的协议或任何其他适当的基础，按本编规定提供协助。

②如果非本规约缔约国的国家已同本法院达成特别安排或协议，但没有对根据任何这种安排或协议提出的请求给予合作，本法

---

① ［美］巴西奥尼：《国际刑法导论》，法律出版社2006年版，第449页。

院可以通知缔约国大会，或在有关情势系由安全理事会提交本法院的情况下，通知安全理事会。

作为国际刑事司法协助公认的八种主要形式之一，向他国申请冻结没收犯罪所得财产的法律方式，见于 1988 年《联合国禁止非法贩运麻醉药品和精神药物公约》、1991 年《欧洲反洗钱公约》等，其最初的立法对象是国际毒品犯罪和金融犯罪，然而在实践中，将其向国际恐怖主义犯罪的惩治机制进行嫁接已是势在必行。况且当今国际恐怖主义与毒品犯罪、金融犯罪等重大国际犯罪逐渐融合的趋势愈加明显，即便在条约立法层面稍有些分离和独立，但在司法管辖与执行层面有统一操作、统一侦查的现实必要性。

如果说 1988 年《联合国禁止非法贩运麻醉药品和精神药物公约》和 1991 年《欧洲反洗钱公约》是针对上述单一类型犯罪的国际立法，那么另外一项条约《制止反恐怖主义提供资助的国际公约》则是确切地将矛头对准了上述犯罪共同体。这三项国际公约是目前国际上仅有的以金融监管执行为手段的国际刑事司法协助公约。而该项内容尚未出现双边条约。

针对一系列重大国际刑事犯罪的国际司法制度严格来讲并不是一个既有的、显而易见的固定模式，而仍然是一种动态的、有待被认知的国家间互动关系，同时也包括了各国国内立法体系。因此，作为国际司法合作机制，其本身的运作也未必是脱离于外交层面（多边的或双边的）而独自运行，外交合作的常态化机制可以为立法与司法合作提供原动力。

在处理国际重大犯罪问题当中，其所适用的国际刑事司法分为国际和国内两个层面，而国内层面实际上更为主要。比如通常使用的司法协助手段尤其是引渡法，在法学界很多学者（包括德国国际法学者魏智通）看来，就属于国内法层面。而对于以个人为犯罪主体的重大国际犯罪，也就更多地适用于国际刑事司法的国内法层面，从而导致政治因素、主权要素起到更大的作用，制定双边引渡条约也只能是服务于两国间的政治利益博弈。

各国对待死刑的态度不同，导致其在参与国际反恐合作的过程中彼此掣肘。这其实从另一个角度说明了，尽管今天国际社会一致强烈谴责一切形式的恐怖主义及其恶劣行径，然而当涉及具体的司法合作层面，各个国家会踟蹰于各种国内的政治呼声和价值诉求，其中也必然包括对待恐怖主义的双重标准。现实再一次向我们揭示出反恐怖主义立法难，反恐怖主义司法更难。消除国际恐怖主义犯罪，绝非偶尔义愤填膺的强烈谴责可以了事，只有切实落实到国际司法合作(甚至执法合作)环节，才能解决具体问题。

美国联邦法院在审判"9·11"恐怖袭击事件中的主要恐怖分子之一法籍摩洛哥人穆萨维的时候，需要从相关的几个欧洲国家对其进行调查取证，以便在定罪上合乎司法程序。故此美国司法机构向相关国家请求司法协助，最终可能按照美国国内立法对穆萨维判处死刑。法国政府考虑到美国很有可能对穆萨维判处死刑，因此坚决限制与美国进行司法合作，法国司法部长玛丽利斯·勒布朗许于2002年3月28日发表声明："法国将不会向美国提供任何有助于穆萨维死刑判决的文件。"2006年5月，美国联邦陪审团在经过对穆萨维案件连续7天的审判讨论之后，终未判处穆萨维死刑，而是判处其终身监禁。①

在运用国际刑事司法惩治恐怖主义犯罪的时候，是采取直接执行制度还是间接执行制度，这也是未来国际合作面临的一个困境。在著名国际刑法学者巴西奥尼那里，"直接执行制度"是指国际司法机构适用的执行其命令和判决，而无需通过国家或任何其他法律机关的制度。反之则为"间接执行制度"。巴西奥尼提道："国际刑法从间接执行模式向直接执行模式转化是比较困难的。但这种困难并非国际刑法学科固有的，而是国际刑法通过立法程序逐渐产生的。在这个立法程序中，参与者是外交家而不是国际刑法、比较刑法或诉讼方面的专家。"②直接执行制度必然有损国家主权，这也是迄今大国几乎都不愿加入《国际刑事法院罗马规约》的重要原因。因此这种直接执行制度限制了惩治国际重大刑事犯罪的执行范围和

---

① 《"9·11"恐怖事件嫌犯穆萨维被判终身监禁》，《人民日报》(海外版)2006年5月6日。

② [美]巴西奥尼：《国际刑法导论》，法律出版社2006年版，第60页。

执行效果。最终仍需诉诸外交渠道进行惩治恐怖主义犯罪的国际合作，仍需依赖国家的合作意愿。

二、中国的有关刑事诉讼规则

在这里，中国的有关刑事诉讼规则主要包括，最高人民检察院《人民检察院刑事诉讼规则（试行）》与《最高人民法院关于适用〈中华人民共和国刑事诉讼法〉的解释》。在刑法解释领域经常使用的主要包括立法解释与司法解释。最高人民检察院制定的《人民检察院刑事诉讼规则（试行）》中的第四百六十六条强调，人民检察院刑事诉讼规则具有司法解释效力。其中第十六章整个章节全面论述了作为中国国内司法机关的检察院在参与刑事司法协助过程中的相应措施和机制；第六百七十六条提到，检察机关参与国际司法协助可以按照中国缔结的国际条约来进行。如果没有相应的条约规定，就以体现互惠原则的外交途径来执行。而第六百七十八条还详细列举了对于一些特殊行为主体，例如对于享有外交特权和豁免权的外国人的刑事责任，以外交途径来协调追究。在开展国际刑事司法合作过程中，对于如何有效避免政治意见分歧和意识形态冲突，中国当前的立法实践有限地体现在国际司法协助的部分相关条款中。当然这些经验还是远远不足的，比如《人民检察院刑事诉讼规则（试行）》中的第六百八十一条"人民检察院对外进行司法协助，应当根据我国有关法律规定的程序向外国提供司法协助和办理司法协助事务。依照国际条约规定，在不违背我国法律规定的前提下，也可以按照请求方的要求适用请求书中所示的程序"，以及第六百八十二条"外国有关机关请求的事项有损中华人民共和国的主权、安全或者社会公共利益以及违反中国法律的，应当不予协助；不属于人民检察院职权范围的，应当予以退回或者移送有关机关，并说明理由"。最高人民法院也有类似的立法实践，《最高人民法院关于适用〈中华人民共和国刑事诉讼法〉的解释》中涉及涉外刑事案件司法协助的第四百零八条指出，"根据中华人民共和国缔结或者参加的国际条约，或者按照互惠原则，人民法院和外国法院可以相互请求刑事司法协助。外国法院请求的事项有损中华人民共和国的主权、安全、社会公共利益的，人民法院不予协助。"

此外，《人民检察院刑事诉讼规则（试行）》第六百八十三条指出："最高人民检察院是检察机关办理司法协助事务的最高主管机关，依照国际条约规定是人民检察院司法协助的中方中央机关。地方各级人民检察院是执行司法协助的主管机关，依照职责分工办理司法协助事务。"

在检察院参与国际司法协助的过程中，涉及国内地方检察院的情况下，《人民检察院刑事诉讼规则（试行）》第六百八十五条指出："有关司法协助条约规定最高人民检察院为司法协助的中方中央机关的，由最高人民检察院直接与有关国家对应的中央机关联系和转递司法协助文件及其他材料。有关司法协助条约规定其他机关为中方中央机关的，地方各级人民检察院通过最高人民检察院与中方中央机关联系和转递司法协助文件。"另外第六百八十八条指出："人民检察院需要通过国际刑事警察组织缉捕人犯、查询资料的，由有关人民检察院提出申请，层报最高人民检察院审查后与有关部门联系办理。"

在人民检察院应该如何提供司法协助这个方面，我国《人民检察院刑事诉讼规则（试行）》第六百九十一条指出了在国际条约的框架内的合作机制，即最高人民检察院可以通过有关国际条约规定的联系途径或外交途径，接收外国提出的司法协助请求。此外，该司法解释还规定了人民检察院向外国提出司法协助请求时所应适用的相关规则，基本与接受外国请求司法协助的规则相对应。

《最高人民法院关于适用〈中华人民共和国刑事诉讼法〉的解释》与《人民检察院刑事诉讼规则（试行）》基本是对应的。其中第十八章专门规定了涉外刑事案件的审理和司法协助的相应规则，首先，第四百零九条规定，请求和提供司法协助，应当依照中华人民共和国缔结或者参加的国际条约规定的途径进行；没有条约关系的，通过外交途径进行。这一点与《人民检察院刑事诉讼规则（试行）》要求在条约框架内参与司法协助是一致的。这一条款清晰地反映出，外交机制在国际交往实践中不可避免地成为国际法律机制的必要补充和有效的引擎。特别是当反恐合作涉及意识形态问题和双重标准认知的时候，国际反恐法律机制往往由于政治阻力而难以开展下去，此时反恐合作中的多边外交甚至决策者的私人会晤都有可能带来新的合作契机。无独有偶，同样作为司法机关的检察院也有相似的立法实践：《人民检察院刑事诉讼规则（试行）》第六百八十七条规定"对尚未与我国缔结司法协助条约的国家，相互之间需要提供司法协助的，应当根据互惠原则，通过外交途径办理，也可以按照惯例进行"。

其次，《最高人民法院关于适用〈中华人民共和国刑事诉讼法〉的解释》第四百一十条规定，"人民法院请求外国提供司法协助的，应当经高级人民法院审查后报最高人民法院审核同意。外国法院请求我国提供司法协助，属于人民法院职权范围的，经最高人民法院审核同意后转有关人民法院办理。"这一条与《人民检察院刑事诉讼规则（试行）》的相应规定是一致的。由此看来，各司法部门参与国际刑事司法协助的合作机制已经有了一个明确的可供参照的标准，以致不同的司法部门和行政部门产生一种"趋同效应"。

作为中国国内重要的司法机关，最高人民检察院与最高人民法院出台的刑事诉讼规则与司法解释在一定程度上弥补了中国国内反恐立法的局限和不足。如果说，专门性反恐立法的出台，由于中国特殊国情的制约以及国际反恐机制的内在张力而一再搁置，那么前两者正在以更为灵活和稳固的方式在酝酿推进专门性反恐立法的出台。

三、引渡与警务执法合作

成功的引渡以有效的国际警务执法合作为前提，而这一前提的重要基础是各国政府在反恐执法中表现出较强的危机处理能力。作为反恐执法过程的一个重要环节，政府的危机处理能力直接影响到政府形象和威信，历史上政府救援行动的失败都给其带来了难以承受的公众压力和对执政合法性的质疑。1972年慕尼黑惨案，以色列政府对慕尼黑奥运会运动员的救援行动的失败，使以色列国民对总理梅耶的不谈判政策产生强烈不满，以至于梅耶难以承受公众压力而未出席死者追悼会。2004年俄罗斯别斯兰人质事件中，俄罗斯政府救援行动的失败导致数百名儿童和家长惨遭车臣恐怖分子杀害，公众愤怒的矛头在指向恐怖分子的同时，也针对着政策失败的俄政府。

出于国民保护原则的考虑，一国可以拒绝引渡本国公民或者其他不利于本国公民的司法协助方面的合作。以《中华人民共和国和俄罗斯联邦关于民事和刑事司法协助的条约》为例，该条约明确："如若该项请求涉及的犯罪嫌疑人或罪犯是被请求的缔约一方国民，且不在提出请求的缔约一方境内，被请求国可以拒绝提供协助"。在上海合作组织作为平台的合作框架下，中俄两国的反恐合作面临的问题之一就是国民保护原则与普遍管辖原则的内在张力。在这里，中俄两国的司法合作仍然体现出管辖权的保护原则高于普遍管辖原则。这或许是对合作深度的一种制约，然而客观来讲，却也是对两国关系和反恐执行机制的一种安全阀门，这种安全阀门使被请求国可以选择对本国国民行使固有的司法管辖权，使本国国内司法拥有至上性，同时也使本国的执法行动获得了较大的空间和余地，促使两国的合作建立在互信基础之上，进而切实履行"或引渡或起诉"的国际法基本原则。

1973 年《关于防止和惩处侵害应受国际保护人员包括外交代表的罪行的公约》规定各国在引渡合作方面的原则：

第一，在各缔约国之间的任何现行引渡条约未将第二条所列举的罪行列入应该引渡的罪行范围内，这些罪行应视为应该引渡的罪。缔约国承允将来彼此所订立的每一项引渡条约中都将这些罪行列为应该引渡的罪。

第二，以订立条约为引渡条件的缔约国接到从未与该缔约国订立引渡条约的另一缔约国的引渡要求时，如果决定引渡，得视本公约为对这些罪行进行引渡的法律依据。引渡须依照被要求国法律所规定的程序和其他条件办理。

第三，不以引渡条约为引渡条件的缔约国应承允这些罪行为彼此间应该引渡的罪，但须依照被要求国法律所规定的程序和其他条件办理。①

---

① 邵沙平：《国际刑法学》，武汉大学出版社 2000 年版，第 224 页。

作为国际反恐合作司法机制，对于具体实现引渡又具有多种多样的途径。主要包括外交渠道、领事沟通、政府首脑直接联系渠道以及各国司法机关直接的外事交往，最后一种渠道也是最为常见的国际司法合作机制，如果参照近年来学术界新创造的"警务外交"概念，我们或可称之为"司法机关外交"。

第一种渠道，即外交渠道，正如上文所述，以目前国际法律机制有限的效力和不尽如人意的运行现状，它既是必要的辅助通道，也是及时缓解国家间紧张关系的安全阀门。因此，虽然我们可以勉强把国际反恐中的外交合作与司法合作视作两个层面的机制来进行分析研究，然而在实践操作中，外交合作是司法合作的必要辅助，反过来，司法合作也是多轨道外交的重要一环，两者密不可分。

第二种渠道，即领事沟通，目前主要是外交机制的一个组成部分。

第三种渠道，即政府首脑直接联系渠道。目前上海合作组织的反恐合作机制中较多地体现了这样一种方式。比如上海合作组织订立的《打击恐怖主义、分裂主义和极端主义上海公约》第四条第二款在谈到司法合作问题方面时指出"各方中央主管机关就执行本公约规定的有关事项直接相互联系和协作。"

第四种渠道，包括各国中央政府间的合作以及各国地方政府间的合作两个层面，值得一提的是后一个层面，目前各国地方政府间的反恐合作机制尚有不完善之处，尚处于发展探索阶段。一般基于地缘政治的考虑，反恐合作往往在相邻国家的接壤地区展开，比如中俄、中印、中巴、中哈等边境。当然，在传统安全时代，为方便边境贸易的繁荣发展，边境签证制度为其提供便利和宽松的政策；然而当全球进入今天这样的"非传统安全"时代，恐怖分子跨境从事犯罪活动的手段和方式不断变化，边境签证制度的完善和改革问题值得国际法学者关注和探讨。

中国人民公安大学的张杰专门提出了"警务外交"的概念①。张

---

①　张杰：《反恐国际警务合作》，中国政法大学出版社 2013 年版，第 112 页。

杰所定义的"警务外交"其实也就是本书所要论述的国际反恐合作中的"执法合作"层面。执法合作由于上述原因（在中国，执法机构与行政机构的结合十分紧密），与政治外交层面的合作难以区分；同时，在世界范围内，执法合作与司法协助体系（即司法合作）又有着诸多相似之处：

第一，合作主体不同。对于司法合作的主体，《中华人民共和国和罗马尼亚关于民事和刑事司法协助的条约》第一条规定："'主管机关'系指法院、检察院和其他主管民事和刑事案件的机关。"而执法合作的主体则包括各个具有行政执法职能的政府机关。

第二，合作针对的客体不同。司法合作一般是在确立管辖范围其间和其后进行；执法合作则可以是在前期预防、侦查到后期实施、执行等各阶段开展。

第三，合作的程序不同：司法合作必须在尊重和符合合作各方即当事国的国内司法体制的基础上开展，需当事国主动配合或至少消极默许；而执法合作往往是在情况紧急时运作，在治理突发事件的时候，只要不违反国际法律一般准则，即使没有确切的法律依据，亦可开展。

第四，合作所依据条约的生效机制不同：司法合作所依据的国际条约必须经过各当事国的议会（中国的人大常委会）批准方可生效；而执法合作因其实质上具有政府部门间的行政合作性质，所以其依据的国际法律文件不是严格意义上的国际条约，而是政府间的联合声明、共同宣言、互助协定等形式。对于此类文件，只要经当事国政府主管部门签字批准即可生效，无需经过议会。

从以上几个方面的区别可以看出，警务执法合作较之司法合作具有更加灵活、更高效率、实施范围更广等特点。然而也正是由于这些特点，其容易蜕变为不受司法规则约束的傲慢的公权力。我们不禁再一次感慨，安全问题考验着国际社会法律体系的健全与否，考验着全球治理过程中的民主与法治；正如安全问题如何考验着任何一国国内社会民主与法治那样。

随着国际反恐态势的发展，情报部门与执法部门常常密不可分，统称为情报执法部门。虽然"历史上情报和执法机构共享信息一直游离于司法监督之外，且该种国际合作形式也一直秘密进行"①，特别是近些年来随着毒品犯罪、金融犯罪、洗钱、走私等重大国际犯罪与恐怖主义犯罪融合的趋势，情报部门和执法部门密切联系并共享信息资源的现实需求已是不争的事实。在中亚、拉美等恐怖主义犯罪形态多元化、犯罪呈现"共生态"的地区，情况尤其如此。这一现实趋势还要求诸如国际刑警组织、欧洲警察组织这样的国际组织参与进来，然而随之带来的另一个问题是，缺少相关的国际性、区域性、双边性立法条约，使得这些组织或机构运作起来找不到依据和有效的机制框架，更多地带有随机性、非常规性。

　　鉴于目前中国执法与行政在实践中具有密不可分的关系，因此，在探讨执法部门(主要指公安部)的国际合作的时候，执法合作层面似乎更应该从属于政治外交合作层面，而此处我们在司法协助的框架内讨论警务执法，在法理上应作广义的理解。而这一概念的提出在国内外实践中已经具备一定基础，例如 2009 年 10 月颁布的《中华人民共和国驻外外交人员法》规定，警务联络官受使馆和派出部门双重管辖，所以警务联络官具有警务人员和外交官的双重身份(夏丽萍老师在《领事保护与实践》一书中详细论述了警务联络制度与反恐的关系)。这一职责所包含的众多具体内容中，最为重要的是参与司法协助和国际刑警组织的协调工作。2014 年 3 月西班牙马德里火车站发生的恐怖主义爆炸事件，致使欧洲反恐协调员岗位最终设立；此外，由于在反恐国际合作中，证件防伪技术的必要性，从而出于进行数据库的协同管理的必要考虑，最终很多国家与国际刑警组织建立了相关合作。这一系列的立法和司法实践经验的积累，都使得"警务外交"这一概念的提出在国际反恐合作中具备了必然性与合理性。

　　2013 年开始实施的《公安机关办理刑事案件程序规定》的第十三章就"刑事司法协助和警务合作"进行了详细的阐述和规定。其中第三百六十四条指出，公安部是公安机关进行刑事司法协助和警务合作的中央主管机关，通过有关国际条约、协议规定的联系途

---

① ［美］巴西奥尼：《国际刑法导论》，法律出版社 2006 年版，第 312 页。

径、外交途径或者国际刑事警察组织渠道，接收或者向外国提出刑事司法协助或者警务合作请求。地方各级公安机关依照职责分工办理刑事司法协助事务和警务合作事务。其他司法机关在办理刑事案件时，需要外国警方协助的，由其中央主管机关与公安部联系办理。

此外，《公安机关办理刑事案件程序规定》第三百七十一条还详细阐述了公安机关与国际刑警组织进行警务执法合作的相应程序："地方公安机关需要通过国际刑事警察组织缉捕罪犯或者犯罪嫌疑人、查询资料、调查取证的，应当提出申请层报公安部审批。"

不同层次国际法实体之间的合作是必要的，包括普遍性、专门性国际组织与区域性国际组织或者国家之间的合作。比如总部位于法国里昂的国际刑警组织，其机构内部拥有一个涵盖全球范围内重大跨国犯罪嫌疑人名单，只需几秒钟就可以通过信息匹配来确定可疑目标。该组织正在努力与各国的海关、出入境管理部门建立统一的网络数据库，以便于协调反恐机制，加速反恐预警机制。然而，很多国家出于自身主权独立完整性，以及外交关系中诸多敏感因素的考虑，对于与全球性国际组织的合作一般持有谨慎态度，包括很多国家对参与国际法院、国际刑事法院也是同样的态度。因此，在这样一个被很多学者质疑进入"后威斯特伐利亚体系"的当今世界中，推动普遍性国际反恐立法机制与合作机制，以及区域性国际组织和以之为基础的区域反恐合作仍然是一个漫长但稳妥可行的道路。

由于各国国内法治环境建设和边境管理水平的差异所造成的区域反恐合作机制受阻，实际上就是反恐国际合作中的木桶效应(一只木桶想盛满水，每块木板必须一样平齐且无破损，如果这只桶的木板中有一块不齐或者某块木板下面有破洞，这只桶就无法盛满水。也就是说一只木桶能盛多少水，并不取决于最长的那块木板，而是取决于最短的那块木板。亦称为短板效应)。

第三节　司法管辖原则的冲突与协调

1985 年 12 月第 40 届联合国大会首次对国际恐怖主义犯罪通过重要决议"明确谴责任何地方、由任何人犯下的一切恐怖主义罪行"。这一决议强调了对于恐怖主义犯罪这样重大的国际罪行，各国一致拥有普遍管辖权。

在国际司法实践中，任何一个国家对于普遍管辖权的运用都是谨慎的，历史上曾经仅有的在国内立法中明确普遍管辖原则的两个国家——比利时、西班牙，都因为触怒了某些大国的政治利益，迫于国际压力而最终放弃了针对普遍管辖权的国内立法。

另外，国际刑事管辖原则与普遍管辖原则非常相似。前者以国际司法机构作为载体，而后者以国家作为行为载体。且前者在法律渊源上是由国家让渡而来。因此存在着层级上的不同。属人管辖、属地管辖、保护管辖、普遍管辖四个原则都是以国家为核心，因而同属一个层级，与国际刑事司法管辖原则有着本质的不同。

值得一提的是，1946 年联合国大会提出了著名的《纽伦堡原则》，即确认国际法可以不考虑国家内部立法而直接适用个人刑事责任这个一般原则。然而联合国大会迈出的这颇有价值的一步却难以真正落实为此后国际司法的现实机制，这一困境足以发人深省。

一、普遍管辖权的理论困境

在国际反恐合作的立法与司法层面，不得不考虑到反恐公约与其他相关刑事法律条约的缔约国与非缔约国（或成员国与非成员国）之间的协同关系。当合作的需求扩展到非缔约方的时候，国内法律的一般原则就会起到更大的主导性作用，而外交渠道同时会在国际法律框架之外发挥更为积极的作用。所以此时的合作机制可以说是多个层面的互动，因而显得更为复杂。其容易造成管辖权之间的积极冲突（即竞合管辖权）和消极冲突（即互相推诿）。在这种情况下，只有不同管辖权之间相互尊重，才不至于在管辖权方面存在真空地带。

在实践中，或引渡或起诉原则与普遍管辖原则虽然在所调整的犯罪客体方面有一定重叠，然而前者以国际条约作为国家义务的约束，且所调整的范围较之后者更为明确，因此更为切实可行。例如最早体现或引渡或起诉义务的国际公约《蒙特利尔公约》将这一义务在其有限的几个缔约国之间进行了重新分配，明确了只有相关的几个国家才需遵守或引渡或起诉原则，而非缔约国完全不在此列。而且，严格来讲，普遍管辖权是一项权利，而或引渡或起诉是一项义务。

根据美国《外国主权豁免法》中所涉及的恐怖主义活动例外原则，如果美国公民被判定受到国家恐怖主义侵害，即使犯罪行为发生在美国境外，受害人也可以诉诸美国本土法院，使恐怖主义犯罪得到管辖。在这里是将原本属于外交和领事保护的管辖范畴转移到了国内司法。

德黑兰的伊斯兰激进派(在该事件中成为恐怖分子)绑架扣押了美国驻德黑兰使馆人员，受害人家属在美国法院起诉了伊朗。然而当时美国法院认为，该侵害事件发生于国外，而根据"损害发生地原则"，只有当"侵权行为和结果都发生在美国"时才能对案件行使司法管辖权。后来的历史证明，美国对这一恐怖主义事件的救济通过的是秘密外交途径，而没有诉诸司法渠道(事实上也根本不可行)。直到1996年美国出台了《反恐怖主义活动和有效死刑法》，规定"列在支持恐怖活动的国家"名单中的国家如从事酷刑、非法谋杀、破坏航空器、劫持人质，或是提供物质或资源支持上的活动，则在相关诉讼中不得援引豁免，这才真正成为美国法院对海外反恐的司法管辖依据。

在有国际法院参与的国际反恐司法合作中，管辖权冲突的问题便会在一定程度上得到化解。1948年联合国派出意大利籍调停员贝尔纳多特到巴勒斯坦执行任务，期间他在耶路撒冷被犹太恐怖分子暗杀。1949年国际法院应联合国邀请对此案给予咨询意见，认为基于国际组织及其辖内工作人员的法律人格独立性，联合国拥有对其工作人员的保护责任和求偿权。根据《联合国宪章》第100条的原则，这种管辖权利(也是义务)优先于恐怖主义被害人的国籍国。

《中华人民共和国刑法》第 11 条规定，享有外交特权和豁免权的外国人的刑事责任，通过外交途径解决。这一法条的规定就意味着对于外国人在中国领域内的犯罪，虽然中国刑法本来应对其适用，但因特殊需要国家主动放弃刑事管辖的权力，通过外交途径解决。①

由于国际恐怖主义犯罪越来越明显的跨国性质，国际法中的属地管辖原则便显得过于宽泛和粗糙，比如具有某国国籍的恐怖分子在另一国进行犯罪的指挥和策划，并在第三国实施犯罪，其犯罪结果所造成的伤害可能又会牵扯到其他国家。此时运用国际司法进行管辖，属人管辖和属地管辖都未免显得苍白。对此，中国国内刑法采取犯罪行为（包括犯罪预备行为、犯罪实行行为、犯罪手段行为，甚至犯罪未遂行为、犯罪中止行为）与犯罪结果择一说，以便解决犯罪地点难以确认的难题。

《中华人民共和国刑法》第 8 条规定，外国人在中华人民共和国领域外对中华人民共和国国家或者公民犯罪，而按本法规定的最低刑为三年以上有期徒刑的，可以适用本法，但是按照犯罪地法律不受处罚的除外。如此看来，如果这一犯罪行为按其国籍国的规定最低刑罚在三年以下的则很有可能就不受中国刑法的追究，这对于近年来的跨国有组织犯罪以及国际恐怖主义犯罪对中国公民和中国国家安全所造成的侵害就会形成潜在的隐患。中国刑法的这一规定从另一个角度来看也意味着放弃了对一些国际犯罪的司法管辖权。为避免各国在国际恐怖主义罪行管辖权方面发生冲突（积极的和消极的），国际社会有意将恐怖主义罪行列入国际刑事法院的管辖范围内，由安理会进行提交。

在管辖权原则发生冲突的各种情况中，包含属人原则、属地原则、保护原则等的冲突。属人原则要求由恐怖主义犯罪行为人的国籍国进行管辖。保护原则要求由犯罪客体或受害人的国籍国进行管

---

① 赵秉志、杨诚：《〈联合国打击跨国有组织犯罪公约〉与中国的贯彻研究》，北京师范大学出版社 2009 年版，第 175 页。

辖，而属地原则要求由恐怖主义犯罪事件发生地的国家进行管辖，相比之下，属地原则目前比较容易为国际社会所一致接受。然而，由于恐怖主义犯罪日益国际化、跨国化，进而又产生了犯罪预备地与犯罪实施地的区别。目前国际社会一般认为犯罪实施地国家处于管辖权的优先序列。

在国际刑事司法中，通常使用"刑事管辖权"这一概念，而在国内刑法中，通常使用"刑法空间效力"这一概念，然而两者在内涵上却有某些重叠之处。许多国家包括中国，在刑法条款中使用"某某犯罪……适用本法"的措辞。这些国内的立法实践体现了目前大多数国家普遍存在的国内反恐立法的现状，即缺少一部专门性反恐法。

对于跨国性质的恐怖主义犯罪，管辖权冲突的发生时有存在。这其中又有多种不同的冲突类型。从目前国际法在实践中的案例来看，以下四种情况最为常见：

第一种情况，即当犯罪行为、结果发生在多国，则同时根据属地原则主张管辖的国家间会发生管辖冲突。

第二种情况既普遍也容易解决，即当犯罪主体具有多国国籍，则同时根据属人原则主张管辖的国家间会发生管辖冲突。

第三种情况是由包括恐怖主义犯罪在内的重大国际犯罪的独特属性造成的，即当犯罪侵害了多国国民和国家利益时，则同时根据保护原则主张管辖的国家间会发生管辖冲突。

此外，根据不同的管辖原则主张管辖权的国家间也会发生冲突。因此上述三种管辖原则再加上普遍管辖原则，这四种管辖原则之间的相互冲突构成了第四种情况。

第四种情况是由中国特殊国情决定的。中国由于内地和港澳台三地各自的司法体系以及具体情况都有所不同，因此还存在区际司法管辖的冲突问题，使这一问题变得更为复杂。

《国际刑事法院罗马规约》第86条尤其是第98条第2款谈道："如果被请求国执行本法院（即国际刑事法院）的一项移交请求，该国将违背依国际协定承担的义务，而根据这些义务，向本法院移交人员须得到该人派遣国的同意，则本法院不得提出该项移交请求，除非本法院能够首先取得该人派遣国的合作，由该派遣国同意移交。"涉及在国际刑事法院参与管辖之下的双边司法合作问题，从中我们可以得出推论，双边协议具有相对于国际司法机构的绝对优先权，双边协议可以约定针对某一国际罪行的管辖权为一国所有，特别是当犯罪嫌疑人的国籍国要求行使管辖权的情况下，此时无需移交国际刑事法院。从某种程度上来讲，针对重大国际罪行的普遍管辖原则可谓对此条款内涵的超越，然而尚未演进到由某一国际性专门司法机构对国际恐怖主义犯罪直接行使管辖权与执行权的程度。

在对重大国际刑事犯罪行使管辖权方面，国际上几种主要管辖原则，如属人管辖原则、属地管辖原则、保护管辖原则、普遍管辖原则等，同样适用于对恐怖主义犯罪行为的司法管辖。

保护管辖原则与属人管辖原则容易混淆，保护管辖一定程度上可以称为针对被害人的属人管辖，因为这一原则是基于被害人的国籍原则(属人管辖一般包括两种情形：一是犯罪行为人是缔约国的国民；二是犯罪行为人是在缔约国领域内具有惯常居所的无国籍人)。

由于恐怖主义及其他跨国有组织犯罪所具有的国际性、跨国性犯罪特征，我国针对属地管辖原则进行了一些补充规定，如《中华人民共和国刑法》的"遍在说"，认为犯罪的行为或者结果，至少有一个或一部分发生在中国境内，即确认中国刑法对其具有管辖权和法律效力。

当然，国际上以联合国为主导的国际组织倡议各国均对恐怖主义犯罪具有普遍管辖义务，而不仅仅是一种管辖权利。然而鉴于本书中论述到的种种政治原因和各国自身的特殊利益考虑，做到普遍管辖仍然是一个漫长的过程。因此在目前国际司法的实际运作中，上述几种管辖原则仍然共存，在主观认知上，也不得不承认和认可这些具体管辖原则的实际运用。

二、司法实践中的管辖权争端

1988 年 12 月 21 日，泛美航空公司 103 航班在英国洛克比上空发生空难，造成机上 259 人和地面 11 人丧生，其中包括 100 多名美国乘客。1991 年 11 月，苏格兰地方检察官和美国哥伦比亚联邦地区法院大陪审团指控两名利比亚公民涉嫌在飞机上放置炸弹，导致飞机爆炸并坠毁。英美两国要求利比亚将居留其境内的被告人移交苏格兰或美国受审。然而利比亚和英国没有双边引渡条约，此事僵持不下。作为受害国的美国和作为事发地国的英国对此案都拥有管辖权。

在此次空难中，情况显得有些特殊。尽管恐怖分子造成飞机爆炸的这一事实发生在英国的苏格兰，然而恐怖分子安放爆炸物不是在英国，根据"侵权行为发生地原则"，英国法院不拥有管辖权。然而英国并没有服从这一原则，而是根据侵权结果，即损害发生地原则对这起恐怖袭击行使了司法管辖。后来英国的司法实践也是一直这样做的。

利比亚在给国际法院的请求书和诉讼状中主张，1971 年《蒙特利尔公约》是适用于洛克比空难的唯一文件。国际法院认为，争端双方的分歧存在于《蒙特利尔公约》是否适用于洛克比空难。故争端涉及《蒙特利尔公约》的解释和适用。根据该公约第 7 条："在其境内发现被指称的罪犯的缔约国，如不将此人引渡，则不论罪行是否在其境内发生，应无例外地将此案件提交其主管当局以便起诉。该当局依照本国法律，以对待任何严重性质的普通罪行案件的同样方式作出决定。"[1]

空难发生后，美英两国情报机构组成的调查组立即对空难展开调查，并最终于 1990 年秋天认定这次空难系利比亚航空公司驻马耳他办事处经理费希迈和利比亚特工阿卜杜勒·迈格拉希所为。次年 11 月 14 日，美英两国发表联合声明，要求利比亚交出凶手。利比亚虽然拘留了费希迈和阿卜杜勒·迈格拉希，但拒绝把他们交给美英两国。

在该案中，联合国安理会 1992 年的第 731 号决议起了决定性的作用，该决议要求利比亚向美英两民移交两名犯罪嫌疑人。

---

① 邵沙平：《国际法院新近案例研究》，商务印书馆 2006 年版，第 101 页。

当然，在这一过程中，《联合国宪章》赋予安理会的行政权力与国际法院的司法权力也发生了矛盾。对于国际法院，美中不足的是，它不能像任何国内法院那样对最高权力进行司法审查。虽然根据《蒙特利尔公约》，国际法院拥有对利比亚的起诉权。

本案中，安理会第 748 号和第 883 号决议颠覆了利比亚根据《蒙特利尔公约》所享有的任何权利。根据《联合国宪章》第 103 条，安理会的决议优先于利比亚和被告国根据《蒙特利尔公约》的任何权利和义务。就此，罗伯特·詹宁斯法官认为，真正的争端存在于利比亚和安理会之间。[①]

在国际社会的强大压力下，1999 年 4 月，费希迈和阿卜杜勒·迈格拉希被移交给联合国代表，并前往设在荷兰的苏格兰法庭受审。

2003 年 9 月 12 日，安理会以 13 票赞成、2 票弃权的结果通过了 1506 号决议，决定解除联合国因 1988 年洛克比空难和 1989 年法国联航空难事件而对利比亚实施的长达 11 年的制裁。

《制止危害民用航空飞行安全的非法行为公约》第七条和第八条分别体现了"或起诉或引渡"两种义务，然而正因如此，利比亚的起诉优先权和英美两国的引渡优先权发生了法律冲突。发生这种冲突的原因往往是由于国际司法机构通过国内法司法体系来实施的间接执行制度与国家之间的刑事合作体制相并行，而在国家之间的刑事合作体制中，国家的利益比在多边关系的间接执行制度中更为明显地存在着。[②]

上文提到的双重标准问题不仅仅出现在对恐怖主义的定义理解方面，在恐怖主义犯罪的管辖方面也被双重标准问题所困惑。例如属地管辖原则与属人管辖原则的冲突，国际法中一般以属地管辖为优先选择，而违反国际法中以"或起诉或引渡"作为表现形式的属地优先权管辖原则，单边诉诸武力，一味推行海外反恐战争，则成为美国式的霸权主义和强权政治。因此，国际刑法规定了某些重大

---

① 邵沙平：《国际法院新近案例研究》，商务印书馆 2006 年版，第 101 页。
② [美]巴西奥尼：《国际刑法导论》，法律出版社 2006 年版，第 27 页。

国际犯罪包括恐怖主义犯罪的普遍管辖权。其实，在非当事第三方国内法院的司法实践当中，其行使管辖权的法理依据通常包括三种观点——默示弃权论、规范等级论、普遍管辖权。然而，这三种理论假设都没有得到国际司法切实的贯彻落实，正如国际法制的观念深入人心需要长期的积淀，国际社会对普遍管辖权的认知更多地还是停留在理念上，在现实中更多地还是陷入管辖权的纷争之中，尤其在涉及恐怖主义这样具有政治敏感性的刑事犯罪问题上，很多国家就更是"貌合神离""同床异梦"。

国家域外管辖权，包括属人管辖、属地管辖、普遍管辖等理论的发展，将会逐步实现国际司法机构和国内司法机构，即有国际组织参与的国际司法合作与纯粹国家之间的司法合作实现互补、相容。然而这个过程是艰辛和漫长的。中国在对很多重大国际犯罪行使司法管辖权的时候也在经受着考验。2008 年乌鲁木齐中级人民法院判处了在中国新疆地区贩毒的英籍巴基斯坦人阿克毛死刑，而后英国政府通过外交途径干预中国司法，颇有袒护之意。在这一事件当中，英国当局暴露出西方国家在对待重大国际刑事犯罪方面实行双重标准，从另一个角度也体现出国际交往过程中外交机制与司法机制的内在张力。在对其他类型的跨国有组织犯罪和恐怖主义犯罪进行司法管辖的时候，特别是在运用属地管辖优先权的时候，同样也会面临着上述类似的考验，这应当引起国际社会的理性反思。

三、管辖权冲突与海上恐怖主义

著名国际刑法学者巴西奥尼将重大国际刑事犯罪分为 28 类，若道出其中的共同之处，恐怕最主要的一点就是"震撼人类良知"，而国际刑事司法的终极价值就是要回应这些良知的呼声。

巴西奥尼划定的 28 类罪名，其概念并非是界限清晰的。由设在海牙的常设国际刑事法院仅对灭绝种族罪、反人类罪、战争罪和侵略罪四种核心罪进行审判，目前不能受理海盗犯罪案。而巴西奥尼认为，若海盗犯罪行为在构成要件上与上述四种核心罪行重合，依然可由国际刑事法院行使管辖权。

海盗犯罪或说海上恐怖主义犯罪的构成要件已经符合了危害人

类罪的构成要件。所涉及的当事国有权根据国内法行使管辖，国内法院出于主观或者客观原因无法行使管辖时也可通过国际刑事法院援引危害人类罪的犯罪要件行使补充性的管辖权，这样才能对海上恐怖主义实施治理和惩治。而实质上是在现有的国际反恐立法不完备的现状下，援引其他相关的针对国际重大刑事犯罪的立法来间接惩治恐怖主义犯罪，特别是对于一些特殊形式的恐怖主义犯罪。

根据《国际刑事法院罗马规约》第 123 条的规定，国际刑事法院管辖的国际犯罪仍有增扩的可能。只要某种犯罪属于规约序言所指的"整个国际社会关注的最严重犯罪"，各国又对其定义及构成要件达成了一致的意见，就可能以规约修正案的形式纳入国际刑事法院的管辖范围。因此，从目前海盗犯罪以及海上恐怖主义对国际社会的危害以及受关注度而言，将海盗犯罪或海上恐怖主义纳入进来，是很有可能也很有必要的。而且从《国际刑事法院罗马规约》起草过程来看，规约草案中就已经将"海上恐怖主义"纳入了其管辖范围。①

---

① 蔡高强、胡斌：《论打击海盗国际法律制度及其完善》，载《太平洋学报》2009 年第 7 期。

第 四 章
国际反恐中的法理学思考

作为非传统安全问题，恐怖主义使人类社会面临着前所未有的考验，它不仅考验着公民社会的理性和内聚力，尤其考验着政府的治理能力和政府在治理过程中的政治法律体制的完善度和健全度。恐怖主义行为作为一种特殊的犯罪形态，必然导致反恐过程中治理手段的特殊性与程序上的非常态特征。我们一直在强调反恐的机制化、常态化。在实践当中，反机制化、反常态化的例子却比比皆是，这形成了反恐行动的内在张力。本章中，我们将会讨论反恐过程中效率与公平两种法律价值的冲突、程序正义与实体正义之间的冲突、公民社会与媒体的法理学定位等问题。

第一节　反恐中的人权保护和程序正义

在反恐过程中，往往容易忽视对人权以及国际法基本准则的恪守，因此这也是中国在参与国际反恐中所应重视的问题。目前，中国已经批准、加入了1949年《日内瓦公约》及其第一和第二附加议定书、1984年《禁止酷刑和其他残忍、不人道或有辱人格的待遇或处罚公约》、1966年《经济、社会及文化权利国际公约》等国际人权公约。

2003年联合国安理会第1456号决议指出，各国在惩治恐怖主义犯罪中应遵守国际法，特别是国际人道法和人权法。

1991年"麦肯案"中，北爱尔兰共和军成员麦肯、肯兰及沙那汉三人因涉嫌杀害英国北爱尔兰事务部长而被审判。在初审中，三名嫌疑人保持沉默。与此同时，英国内政部长在国会发言，表示政府正在起草法律草案，明确规定"在犯恐怖活动罪时，如果罪证确凿，被告的沉默即表示默认"。新闻媒体对此消息广为报道，而后三名嫌疑犯被判有罪。三人以新闻报道影响判决为由提起上诉，英国上议院法庭将此案发回重审，理由是内政部长在国会的有关发言在时间上的"巧合"及新闻媒体的报道，使陪审团受到影响的可能性增强，因此，初审法院应该解散陪审团，否则被告不免受到偏颇的定罪。

如果说政治双重标准是国际反恐立法过程中的主要障碍，那么国家安全与程序正义的二元冲突则是治理恐怖主义的司法管辖过程中的另一个主要障碍。不单单是在国际公法的范畴中，在任何涉及主权利益与国家安全问题的公法范畴内，案件审判过程中的程序正义都将大打折扣。比如案件审理的公开性问题往往由于涉及国家机密而难以实现。《国际刑事法院罗马规约》的第72条第四款规定，"如果一国知悉该国的资料或文件在诉讼的某个阶段正在被披露或可能被披露，而该国认为这种披露会损害其国家安全利益，该国应有权进行干预，依照本条解决问题。"

即使在一国国内，确定恐怖主义犯罪主体也要经过严格的法律程序，比如中国在处理涉及境外恐怖组织的问题时，必须经过司法部和最高人民检察院。当然，这种对程序法的注重也体现了对人权的尊重，未尝不是反恐法制化轨道上的一种进步。俄罗斯于2000年颁布了《俄罗斯联邦刑事诉讼法典》，体现了俄罗斯也正逐步走向尊重人权的法制化反恐路线。在这里，效率和公平再次成为公共治理中的两难困境。

在涉及国家安全案件与国家安全法的时候，世界上绝大多数国家都难以实现完全独立于行政干预的司法审判。关于 2003 年王炳章恐怖主义犯罪案件，可以从深圳市中级人民法院的判决书中看到，中央国家安全部和作为地方反恐机构的广东省国家安全厅的共同合作参与，在此基础上的司法审判，最终实现了对公共安全的共同维护。当然，国家安全法面临的是行政与司法的两难困境，其标准和尺度只有随着社会文明和法治的不断推进才能得以把握。韩国在 20 世纪 80 年代的全斗焕独裁政权时期，一大批无辜青年被执法部门以违反国家安全法的名义不经司法程序而贸然投入监狱，遭到迫害。这可以说是对治理公共安全问题的司法维度的全然背离，值得后世引以为戒。

中国有学者在审视国外反恐的经验教训过程中也深刻指出了其背后的法理问题——美国打击恐怖主义的同时，也成了恐怖主义者。可见，通过司法途径打击恐怖主义犯罪才是国际社会的最佳选择，反恐必须纳入国际和国内法治轨道。1998 年《俄罗斯联邦反恐怖主义法》第 2 条规定了俄联邦反恐原则，首要的一条就是合法性原则，即反恐的一切活动或行为都必须是合法的。这里的法既包括国际法，也包括国内法。

第二节　公民社会理论与反恐

政治社会学当中的一个重要理论，即"公民社会"理论认为，缺少有效的政府引导或者吸纳机制，公民社会就会蜕变为黑社会，甚至邪教组织、恐怖组织，等等。因此，在我国目前这样的国情下，尤其应注重在政府有效的、积极的引导下发展健康的非政府组织，使之走上良性运行轨道。

在一些西方国家，其国内长期存在的一些恐怖组织都拥有一定的群众基础，比如法国的科西嘉民族解放阵线，英国的爱尔兰共和军，西班牙的"埃塔"。因此，在反恐策略的实施过程中，非政府组织的参与有利于公众提高理性判断力，避免因无知而被吸纳进恐怖组织，从而使恐怖组织丧失群众基础。目前国内有很多维吾尔族同胞以一种理性、客观的态度，专门从事恐怖主义问题的学术研究，体现了少数民族同胞通过接受高等教育能够自觉反思，理性认识目前存在的一些现象。

通过严厉的安全措施来维护稳定的政府治理的需求已经在不知不觉中创造了一种更为棘手且危机更多的社会空间。因此，未来的国内稳定需要一种更开明的态度。它必须在经济发展的框架内加强立法，采取完善的专门反恐法律手段来处理特定的恐怖活动，而非像目前这样仅仅依靠刑事法律来处理新疆问题。其实，当我们将其定性为恐怖主义犯罪的时候，就无意中将"自在的"变成了"自为的"，将原生态的社会暴力事件在一定程度上"建构"为政治色彩浓厚的恐怖主义行为。

尤其涉及中国国内的"东突"恐怖主义犯罪势力的时候，在这个治理过程中，采用更为微妙的意识形态修辞在区分不同类型群体的时候可以满足维护整体稳定、"分而治之"的需要。例如，有恐怖分子、极端势力、民族分裂主义者、宗教极端主义者、单一事件的恐怖分子、个体恐怖主义者，另外也有维吾尔族社会活动家、民族的或宗教的社群领导人。我们要尽可能地争取后者，这是需要政治技巧和治理艺术的。在一个亚文化群体中，他们彼此之间存在某种文化共生关系，然而在政见上、在意识形态和宗教认知上又存在分歧。因此，和平而又有技巧地介入，或者用学者王逸舟教授的话来说——"创造性介入"，才能实现一种有效的政府治理模式。

早在克林顿执政时期，反恐与全球范围内的自由民主意识形态的推进已经成为美国国家安全战略的两根重要支柱。在小布什执政时期，其中东反恐战略则被公认为以反恐战争来治标，以民主改革来治本。固然这种所谓的对民主的推进带有一定的美国本土特色和独有的意识形态背后的政治目的，但是从另一个侧面来看，这也反映出恐怖主义所赖以滋生的社会根源与政治压迫、专制有着不可分割的联系。若要从根本上消除恐怖主义思想，势必要从社会制度和经济社会的整体协调发展寻找突破口。这一道理从另一种现象中也可以得到佐证，即2010年"阿拉伯之春"运动的爆发对美国的中东反恐政策既是机遇也是挑战。此后，美国开始注重改善与中东国家内部的民间组织和非政府团体组织的关系，从其社会草根阶层着手来缓解其对美国和西方的仇视心态，与恐怖分子"争夺群众"。今天，学术界更多地把这一现象称为"全民反恐""民间外交"，等等。

由于中国长期以来的政治生态，立法上习惯于将恐怖主义犯罪涵盖在刑法中的"危害公共安全罪"里面，甚至"恐怖主义犯罪"这一概念，也是改革开放后在融入全球化进程中的舶来品。

恐怖主义对于中国来说恐怕是近十年才逐渐活跃的一种现象，然而危害公共安全的社会事件，在中国却并不陌生，特别是一些邪教事件。

2002 年 7 月"法轮功"邪教组织发射的有"法轮功"内容的非法电视信号，干扰、攻击鑫诺卫星转发器传输的央视节目和地方节目，致使全国部分地区长时间无法正常收看电视节目。著名空间法学者、国际空间法学会理事贺其治教授把境外"法轮功"邪教组织利用大功率干扰静止卫星达到大面积下行覆盖广播以进行政治煽动与宣传的行为，称为"严重危及公共安全，侵犯公众权益的一种严重违反国际法的极为卑劣的行为"①。

"法轮功"邪教组织的这一行为，不仅类似海盗行为，更是一种危害公共安全的严重国际罪行，甚至在某种程度上来讲就是一种特殊形式的恐怖主义犯罪。只不过在此事件发生时，"恐怖主义"对于中国民间来说还是一种新兴的语言。虽然此事件发生在 2001年"9·11"美国恐怖袭击事件之后，但是在官方看来，如若过早地将此概念引入国内，会造成一种消极的社会心理"暗示"作用，使公众的神经过于敏感。

十几年后的今天，恐怖主义事件在中国频发已是不争的事实。2014 年 3 月 1 日昆明火车站砍杀事件被媒体曝光后，又相继发生了 4 月 30 日乌鲁木齐火车南站恐怖爆炸袭击、5 月 6 日广州火车站砍人事件。这些事实告诉我们，在中国这样一个地域辽阔、人口众多的发展中国家，治理恐怖主义、维护社会稳定，绝不仅仅是一种司法行为，更需要各个公共部门甚至公民社会的协同发展。下文将

---

① 《中国鑫诺卫星遭境外"法轮功"非法信号攻击纪实》，http://www.chinanews.com/2002-07-08/26/201583.html，2002-7-8。

会论述到，恐怖主义考验着政策与法制的完善性，同时，恐怖主义也考验着公民应对紧急突发事件的成熟度，考验着公民社会的理性化、有序化。下文谈到的全民反恐理念是对政府治理突发暴力事件的必要补充，它需要建立在成熟的公民社会形态基础之上。恐怖主义犯罪目的包含的一个重要层面就是破坏公共秩序和打击公众对正常社会生活的信心，而公民社会形态的不断完善就是要对此形成免疫，从而使恐怖分子无的放矢。

第三节　反恐中的民主二律背反

一方面，恐怖主义"倒逼"民主。国际反恐合作中的立法机制的完善，需要各国真正超越威斯特伐利亚体系的惯性思维，真正从理念上走向后威斯特伐利亚体系，也就是适当超越主权思维，超越民族国家的传统界限。这是全球化时代的大势所趋。换一种角度来看，恐怖主义犯罪又何尝不是以这种极端的形式来解构我们固有的国家体系，"倒逼"国际社会走向实质联合。以往国家都是"自扫门前雪"，事不关己高高挂起，今天的非传统安全的严峻形势是对这种传统思维方式的当头一棒。如果说恐怖主义的产生根源与极权主义有着相似之处①，恐怖主义的毁灭性行为模式又在告诫着世人：撒旦来到人世间，只是借着人性的软弱才去作恶。恐怖主义也正是以这样一种方式倒逼着国际社会走向民主、法制的道路。因为只有民主法制才是最终能够根除恐怖主义的有效武器。

另一方面，反恐容易伤害民主，侵犯公民隐私。一般国际法原则中有一个古老的定律——人民的安全是最高法律。因此，国家出于人民安全的考虑，可以在紧急状态下合法地牺牲其他利益和价值诉求。

当然，美国以反恐为名，将其侵犯公民隐私的傲慢公权力发挥到了极致，甚至还延伸到了全球各个角落。美国在世界范围内实施

---

① ［美］汉娜·阿伦特：《极权主义的起源》，林骧华译，三联书店 2008 年版，第 325 页。

的秘密窃听行为已为国际社会所不齿，如每天网罗全世界各国大约
50 亿条手机短信；对德国总理默克尔的手机进行了将近十年的窃
听；监视谷歌、雅虎在全球多个数据中心之间的通信网络，并窃取
用户信息；将中国政府和几家大型国有企业例如华为公司作为目
标，大量攻击中国网络系统等。2013 年后，国际媒体陆续报道了
由美国国家安全局前雇员爱德华·斯诺登所披露的窃听风波，以及
美国国家安全局"棱镜门"丑闻。

约旦曾经出台过专门的国内反恐法，然而该法因为严重侵犯人
权的属性（包括禁止在押期间的犯罪嫌疑人会见辩护律师，禁止司
法审查，审判法庭不得独立进行并受到行政机关的干扰，等等），
以及违背基本的司法公正原则，而在 2006 年遭到联合国"打击恐怖
主义时维护人权和基本自由特别报告员"施凯宁（Martin Scheinin）
的严重谴责，要求其撤销这部反恐法。

因此，如果说在反恐机制中，行政干预是不可避免的，那么将
这种干预置于规范的反恐立法这个大前提之后，才可以使行政手段
与法律手段相得益彰，在反恐过程中有效保障公民的合法权利，尽
可能地不伤害民主政治生态。

除了涉及国家安全核心利益的特殊案件，中国在刑事司法体系
中尊重并保障外籍刑事犯罪嫌疑人应有的权利。根据《最高人民法
院关于适用〈中华人民共和国刑事诉讼法〉的解释》中的第三百九十
五条，在刑事诉讼中，外国籍当事人享有我国法律规定的诉讼权利
并承担相应义务。

在反恐过程中，公权力的被迫延伸与膨胀，已逐渐从"自在"
发展到"自为"的程度。在意识到权力的无限扩张可能导致的危害
之后，通过宪政、法案来约束公权力则是大势所趋。美国早在
"9·11"事件发生之前就制定了《资讯自由法案》和《隐私法案》等
保障自由的法案（虽然近年来其实际效果大打折扣）。进而我们可
以推断，专门性国内反恐立法不仅使反恐决策科学化、理性化，也
可以确保正义的力量不会变质。中国近期内出台反恐立法的客观环
境已经形成，这也符合中国政府一贯倡导的有法可依、有法必依的
依法治国基本理念。

第四节 媒体的角色

在政治学所阐述的规律当中，值得引起我们注意的是，民主与公共安全常常具有一定张力，是政治生活中的二律背反。例如在非常时期分散权力、放开公民社会就会为恐怖主义创造活动空间，再例如我们常说媒体是除了立法、司法、行政之外的第四个权力部门，然而媒体在恐怖主义犯罪活动时的被动跟进报道所带来的消极的社会恐慌效应是有目共睹的，这其实正如某些学者所言——是在变相地协助恐怖主义犯罪，如果离开了媒体，恐怖主义犯罪也就无法达到其想要的恐吓公众的目的。

美国一些政府机构指责"在许多情况下，现代恐怖主义正是媒体的创造"①。2005年前后，美国青年颇为推崇的福克斯公司的电视系列片《反恐24小时》过于生动细致地对国际恐怖主义犯罪行为进行了刻画与描写，令作为国会重要游说团体的美国伊斯兰关系委员会（CAIR）极为恼火，其强烈抗议福克斯公司过火的传媒行为，最终迫使其在电视镜头中删除了对穆斯林的负面形象过分渲染的部分。

如同恐怖主义犯罪与各种上游犯罪之间的关联性不断增强导致国内各部门之间的协同合作客观上的要求也更加强烈一样，恐怖主义犯罪行为的日益国际化在客观上也要求反恐工作的国际化，后者是前者的必然反映和必然要求。然而后者不恰当的反应行为就可能被前者所利用。我们以媒体作为案例，媒体对恐怖主义犯罪事件的过分渲染和没有尺寸地、一味地跟踪报道，很容易成为恐怖分子借以传播极端思想和制造社会恐慌的工具，并被其加以利用。当今反恐学者已经关注到恐怖主义借助媒体产生的广告效应。"东突"恐怖分子的头目热比娅曾经在国际媒体上公开宣称自己是"世界维吾尔精神的母亲"，这一点为包括维吾尔族群众在内的中国人所不能接受，然而中国外交部发言人在随后的官方场合出来辟谣的时候，

---

① 胡联合：《当代恐怖主义与对策》，东方出版社2001年版，第309页。

也就是说了句"热比娅不是世界维吾尔精神的母亲"，便被别有用心的西方媒体拿出来大肆渲染，反而让事态愈演愈烈，让热比娅出了名。

针对公众或者政府的犯罪行为，往往需要通过媒体的介入才有可能有效实现其威慑公众和政府并实施胁迫和勒索。也正是在这个意义上，媒体经常被指责为恐怖分子的帮凶。对此，我们需要深刻反思媒体在反恐的过程中究竟做了些什么，以及怎样才是未来正确的媒体立场。

国际法学者郑斌在其专著《国际法院与法庭适用的一般法律原则》中指出："与各国的公法一样，国际法允许为了公共福利将国家利益凌驾于在其统治领土上、受其管辖的私人所有权之上……维持内部和平和社会秩序是每个国家的首要目标和职责……每当国家安全受到威胁，无论原因为何，该国有权在其领土上采取必要措施以确保公共安全。"①

在"9·11"之后，美国政府为了保护国家安全，不断扩大执法人员的权力，尤其是搜查和窃听的范围的扩大，已经侵犯了公民的私人生活。所以，反恐给我们带来的另一个考验是，如何平衡利弊，处理好民主与公共安全的矛盾关系，找到两者之间的"黄金分割点"。

---

① 郑斌：《国际法院与法庭适用的一般法律原则》，韩秀丽、蔡从燕译，法律出版社 2012 年版，第 57 页。

第五章
中国国内反恐机制与政策发展

第一节 群体性事件治理与个体恐怖主义

在西方资本主义国家，由于其古老的三权分立传统，即行政、立法、司法的分立格局，便于寻找各自与国外相应部门进行合作的路径，而合作机制一旦形成，其规则也十分明晰，在认知上易于把握。而在中国特有的民主集中制的大背景下，如何有效地参与国际合作，特别是有效地实现国内各部门与国外相应部门的对接（直接的或间接的），将是值得国内学者特别是法学、政治学学者深切关注的问题。因此这也将成为本章所要集中探讨的问题。有很多学者说，恐怖主义产生的根源，简言之，就是全球化与反全球化互相冲突的结果。那么，顺着这一思路，我们也可以说，要维护中国政府的有效权威，维护社会稳定、民族安定，就不得不兼顾全球化与中国特色，丢失了全球化，我们将无法顺利地进入到国际合作机制的轨道当中，而丢失了中国特色，我们将无法有效治理自身内部的社会问题。

　　中国反恐学者胡建奇认为当前我国面临的恐怖主义威胁主要分为三种类型，第一种是来自西北边陲的"东突"三股势力；第二种是来自国际范围内恐怖主义势力的威胁，这种威胁也指向中国海外公民的生命财产安全；第三种是国内个别暴力犯罪分子模仿恐怖主义手段对公共秩序和安全进行破坏的行为。其实胡建奇所说的第三种类型，国际上很多学者将其归结为"个体恐怖主义"。而前两种类型符合国内主流学者的观点，即认为中国的国内恐怖主义（和反恐）与国际恐怖主义（和反恐）从属于两个独立的体系。

　　胡建奇所提出的第三个类型即"国内个别暴力犯罪分子模仿恐怖主义手段来对公共秩序和安全进行破坏的行为"值得引起国内学者的思考。随着中国社会转型时期新的社会问题不断凸显，传统意义上的社会突发事件从"自在"逐渐发展到"自为"，即从原生态的偶发性、无意识的激情犯罪逐步与国际上泛滥的各式各样的极端主义思想相结合，具有了目的性，成为有计划、有目标的系统性暴力行为。"恐怖主义"一词最早是作为政治社会学概念出现的。[1] 因此，无论从学科渊源上，还是从所涉及的治理主体上来，恐怖主义都与一般社会暴力事件、群体性事件紧密相关，外延相互重合。目前华中师范大学政治学研究院特设了政治社会学专业学科博士点，在国内具有一定的学术前瞻性。这一学科以政治制度为分析框架，以社会冲突、传统暴力事件为实证案例，将两者相结合，对当今社会层出不穷的新形式暴力行为试图作出解释和分析。而笔者认为，应该将视野放得更为开阔，仿效新加坡南洋理工大学，他们在拉惹勒南国际关系学院的平台上设立了恐怖主义与政治暴力研究中心，将两者在研究体制与研究视角方面合为一体，更加有助于开展比较研究，拓宽视野。

　　中国于 2004 年在中共十六届中央委员会第四次全体会议上提出了"和谐社会"的概念，一年之后又提出了"和谐世界"的概念。2005 年 4 月的雅加达亚非峰会上，胡锦涛指出，亚非国家应推动

――――――――――

　　[1]　夏勇等：《我国学界对恐怖主义犯罪定义研究的综述》，载《法商研究》2004 年第 1 期。

不同文明友好相处、平等对话、发展繁荣，共同构建一个和谐世界。

2005 年 7 月，《中俄关于 21 世纪国际秩序的联合声明》中正式使用了"和谐世界"这一提法。"和谐世界"首次成为推动国与国之间加深共识、进入国际社会视野的重要理念。两个月后，"和谐世界"的具体内涵由胡锦涛在联合国总部发表的演讲中进行了全面阐述。这一系列概念的提出绝非偶然。"和谐社会"理念的提出正值中国群体性事件高发时期。而"和谐世界"理念的提出之时正值国际恐怖主义犯罪数量攀升到了一个阶段性的峰值。类似这样一些政策理念体现了中国政府从宏观上参与国际治理、维护国际社会法制化的基本原则和态度。

无独有偶，几乎就在同一个特殊时期，中国社会科学院于建嵘教授于 2008 年提出"社会泄愤事件"这一概念，主要用于描述国内政治社会矛盾以及各种不公正现象所带来的仇恨心理，进而外化为社会暴力行为。今天国内外的知名学者（如王逸舟、张家栋等）在分析国际恐怖主义的社会根源时也指出，国际关系以及国际社会中存在的资源分配不公平、地位不平等、贫富差距过大等均构成其诱因。如果在这里我们借用于建嵘教授的概念，那么可以说，国际恐怖主义实际是一种国际社会中的泄愤事件。

我们来简单分析一下泄愤事件与恐怖主义的异同。

相同的方面，二者都以暴力为手段，都具有公众效应，实施主体都具有一定的规模和数量，施暴对象与施暴目的不完全对称，甚至往往全然无关；二者都以某种政治诉求为目的等。此外，由于国内对待一般突发性暴力事件与对待暴力恐怖主义事件在当前还没有立法和司法制度上的截然划分，因而长期以来都将两者归入到刑法中的危害公共安全罪的范畴，在治理方面，也都由公安部门主管。

不同的方面，恐怖主义犯罪是有组织、有预谋的犯罪，犯罪主体一般经过长期的特殊训练，组织严密，政治目标明确。而泄愤事件具有随机性、突发性，相对于具有某种"主义"的恐怖袭击，作为一般社会暴力行为的泄愤事件由于主体数量的限制和行为本身的偶发性，政治诉求不甚明确，施暴主体目的也不甚明确，其行为在刑法上属于"激情犯罪"。而且泄愤事件一般以经济利益作为导火索，而恐怖主义犯罪即使是出于经济上的不平等和巨大的贫富差距，最终也要诉诸明确的政治意识形态或宗教上的终极目标。

然而我们必须看到，二者的产生具有共同的社会根源，即某种程度和范围内的不公平、不平等。

"社会泄愤事件"实质上脱胎于历史渊源较早的国内群体性事件。近年来国内学术界越来越少使用后者作为学术概念。主要由于这一概念本身存在争议。对于什么是群体性事件，官方和学界至今都还没有统一、标准的定义。官方比较正式的说法是公安部在2000年4月5日颁布的《公安机关处理群体性治安事件规定》中使用的"群体性治安事件"这一概念。该规定的第二条指出："群体性治安事件，是指聚众共同实施的违反国家法律、法规、规章，扰乱社会秩序，危害公共安全，侵犯公民人身安全和公私财产安全的行为。"学界对于群体性事件比较权威的界定是中国行政管理学会课题组提出的"群体性突发事件"概念，即"由部分公众参与并形成有一定组织目的的集体上访、集会、阻塞交通、围堵党政机关、静坐请愿、聚众闹事等群体行为，并对政府管理和社会造成影响的行为"。

有些学者进而提出"那些不具有政治目的、不是以胁迫国家机关或国际组织为目的而采取的暴力破坏或其他手段，造成一定范围恐慌的行为也应属于恐怖主义"①，比如发生在泰国的湄公河惨案、美国的校园枪击案等。

国内学者普遍认为，在现有的制度安排下，群众表达利益诉求有各种各样的形式，有的是为现行的法律规章制度所允许的，有的是超越和违反现有规章制度的，所以暂时使用"群体性事件"这种中性的说法是比较妥当的。

可以看出，恐怖主义犯罪与群体性事件暴力行为在动机、手段、方式等各方面都有外延上的重合，恐怖主义也是试图通过极端

---

① 张杰：《反恐国际警务合作》，中国政法大学出版社2013年版，第55页。

的暴力手段摧毁现存秩序而满足某种价值或利益上的诉求。

2014 年 6 月到 7 月间，杭州市、广州市、宜宾市、贵阳市、厦门市陆续发生了公交车爆炸纵火案，这些事件通常意义上被认定为社会突发事件，这些犯罪嫌疑人也都被认为具有精神问题或性格问题而简单地处理后便被公众逐渐淡忘。然而这些看似偶发的社会事件，其背后深刻的社会根源与恐怖主义有着极为相似的社会学机理。即便我们否认这一点，也不得不承认这些犯罪嫌疑人至少是受到了媒体上的恐怖主义事件所带来的心理暗示。

据统计，中国从 2009 年起连续发生了 7 起公交纵火案，其中至少有 4 起纵火案的犯罪动机具有向社会泄愤的性质，包括厦门、杭州、广州等城市发生的公交爆炸案。

甚至 2010 年发生在菲律宾的马尼拉人质事件也符合上述特征。如果我们将社会突发暴力事件作为个案进行全球范围的统计分析，会发现这些表面上呈现为个别突发事件的暴力行为具有某些共同的社会根源与刑事法律要素，因此无论从社会学意义上还是从司法角度来进行审视，我们都有清晰的标准可以将之归入恐怖主义犯罪当中。

第二节 治理主体的多元化与演变

根据恐怖主义行为所涉及的不同犯罪类别和所属的不同部门的监管层级，就需要反恐的跨部门协调合作。以劫持航空器和船舶的犯罪为例，运输安全局是负责航空安全的主要机构，但由于交通安全的重要性及牵涉的方面众多，许多其他联邦机构也需要积极参与，才能确保飞行安全。在航空安全中需要跨部门协同的部门还有国土安全部、司法部、运输部和国防部。除此之外，国家反恐中心也应积极参与。①

例如美国的联邦调查局直接并全面负责反恐侦查工作，而联邦

---

① 胡建奇：《美国反恐跨部门协同研究》，中国人民公安大学出版社 2011
年版，第 126 页。

调查局作为调查机构隶属于美国司法部。美国的政治体制和中国有着本质的差异，完全照搬当然是不行的。如果说美国反恐跨部门协同合作对中国具有某些可资借鉴的经验，那么公共部门与民间非政府组织之间的合作是我们最应该提上日程的。也有学者如胡建奇称之为公共部门与私营部门之间的合作。美国学者戴蒙德和麦克唐纳所合著的《多轨外交》一书中所展现的核心思想便是如此，同时这也是今天中国政府大力推动官方外交与公共外交、民间外交的精神实质。

当然，非政府的参与背后也可能隐藏着某些大国关系的考虑，被大国政治操纵，成为其有效的外交工具。这里我们应该辩证地看到，大国之所以青睐于运用"非政府组织"这张王牌，也恰恰反证了非政府组织在全球治理中所特有的优势。

作为推进政府事务综合管理与协调，按综合管理职能合并政府部门的大部制改革，其主要特点是延伸一个部门所涉及的职能部署，将相互联系的不同事务划分到一个部门来决策，避免政府职能重叠、多头管理，提高行政效率，降低行政成本。2013 年 3 月 10 日，国务院颁布的《国务院机构改革和职能转变方案》启动了新一轮大部制改革。顺应大部制改革这个总体的历史趋势，反恐工作的部门间协调也将面临重大的考验与变革。反恐工作的指挥与协调将受到大部制总体改革布局的深远影响。

在反恐机制的改革上，中国应顺应大部制改革的总体大局。美国反恐机构设置固然精细复杂，然而其冗杂的官僚化趋势不适合中国国情。大部制改革，其实质不是削减某些部门的职能，而是集中职能、强化职能。反恐机构的大部制改革与非政府组织的公共参与犹如一体之两面，互为补充，缺一不可。

2013 年 8 月 27 日，国家反恐怖工作领导小组第一次全体会议在北京召开。2013 年 11 月 12 日，中国共产党十八届三中全会公报指出将设立国家安全委员会。其设一名主席、两名副主席，并下设常务委员和委员若干名。中国国家安全委员会作为中共中央关于国家安全工作的决策和议事协调机构，向中央政治局、中央政治局常务委员会负责，统筹协调涉及国家安全的重大事项和重要工作。

1997 年中国首次提出成立国家安全委员会的方案。这一设想最早由时任国家主席的江泽民在出访美国时受到美国国家安全委员会的启发后提出，但当时由于种种原因未能如愿。从这一构想最初被提出到最终完全确立，总共酝酿了 16 年。

伴随着高新技术的发展，国家安全问题由于现代新型技术的发展而不同以往，面临更为复杂的局面，从而要求国内不同部门协调合作，也就要求在既有安全体制的基础上进行新的、更为全方位的体系规划。国家安全委员会的创立，可以更为有效地统筹不同部门的资源，更有效地进行协调。实际上其最早由美国开先河，随后俄罗斯、伊拉克、阿富汗等国纷纷设立了类似国家安全委员会这样的机构。俄罗斯的称为国家安全会议，其前身为苏联时期的克格勃。2002 年联邦政府条例第 880 号文件《俄罗斯联邦反恐委员会条例》决定设立俄罗斯联邦反恐委员会，在机构设置理念上，可以说 2013 年中国设置的国家安全委员会与之遥相呼应。

国家安全委员会的前身是中共中央外事工作领导小组。1981 年，中央外事工作领导小组几经波折之后重新启用，中央外事工作领导小组下属的"国务院外事办公室"是其直属办事机构。

2000 年 9 月，中共中央设立中央国家安全领导小组，与中央外事工作领导小组合署办公。两个小组均由主管外事工作的中央政治局常委、分管外事工作的政治局委员以及与外事、国家安全工作紧密相关的各部委领导组成，进行对外事工作、国家安全工作重大问题的决策部署。

习近平总书记在十八届三中全会后就《中共中央关于全面深化改革若干重大问题的决定》以及国家安全委员会的设立做出了阐释。他说："国家安全和社会稳定是改革发展的前提。只有国家安全和社会稳定，改革发展才能不断推进。当前，我国面临对外维护国家主权、安全、发展利益，对内维护政治安全和社会稳定的双重压力，各种可以预见和难以预见的风险因素明显增多。而我们的安全工作体制机制还不能适应维护国家安全的需要，需要搭建一个强有力的平台统筹国家安全工作。设立国家安全委员会，加强对国家安全工作的集中统一领导，已是当务之急。国家安全委员会主要职责是制定和实施国家安全战略，推进国家安全法治建设，制定国家安全工作方针政策，研究解决国家安全工作中的重大问题。"①

第三节　总体国家安全观与央地协作

习近平于 2014 年 4 月 15 日上午主持召开中央国家安全委员会第一次会议并发表重要讲话时首次提出了"总体国家安全观"。他指出，总体国家安全观既要重视传统安全，又要重视非传统安全，构建集政治安全、国土安全、军事安全、经济安全、文化安全、社会安全、科技安全、信息安全、生态安全、资源安全、核安全等于一体的国家安全体系。

同时，中央国家安全委员会第一次会议上明确了国安委五项原则为"集中统一、科学谋划、统分结合、协调行动、精干高效"。国安委从强化中央对国家安全的统一领导职能这一个角度来看，相当于一个独立的指挥中枢。

正如反恐专家李伟所评论的那样，"以往的国家安全存在的最大问题就是部门分割，国安委则打破了这种条块分割、资源重合浪费的弊端，最大限度地整合国家资源，来应对国家安全问题。"②

对于反恐工作而言，地方政府最了解当地的情况和当地居民的需求，突发事件发生时往往首先做出反应，在预防恐怖袭击中位于一线。③ 因此，在行政机构的实施机制方面，协调中央与主要地方省份的反恐机制，是十分重要的。对于中国国内的状况而言，例如三股势力最为活跃的新疆地区，以及位于祖国南大门、对外交往最为活跃的广东省，与这些地方的安全部门在信息层面和执行层面进

---

① http://politics.people.com.cn/n/2013/1116/c1001_23560979.htm, 2018-11-11。

② 法治周末：《大国新政》，http://www.legalweekly.cn/index.php/Index/article/id/4999, 2014-04-01。

③ 胡建奇：《美国反恐跨部门协同研究》，中国人民公安大学出版社 2011年版，第 131 页。

行反恐协调是极为必要的。

2014 年 7 月 28 日凌晨，新疆喀什地区莎车县，暴力恐怖分子手持管制刀具袭击了艾力西湖镇政府和派出所、荒地镇，并袭击过往车辆和无辜群众。可见，在地方恐怖袭击中，基层政府也是暴力恐怖分子的主要袭击目标。其实在某种程度上，袭击基层政府对于恐怖分子具有直接现实意义，不同于袭击一国元首、首脑、外交代表等更多的在于其象征意义和宣传价值。况且基层政府的安保资源不足，恐怖袭击实施起来更为简单易行。反恐行动的决策是自上而下的，但是暴力恐怖主义犯罪所带来的破坏力却是自下而上的，如果说反恐行动中的央地协作贯彻的是一种微观主义视角，那么总体国家安全观贯彻的便是一种宏观主义视角，两者相得益彰、不可偏废。

不同于大多数国家的反恐专门机构有其明确的法定地位和职责，我国的反恐专门机构，比如反恐局、国家安全委员会，其在实践中的运作尚需磨合和完善，而机构所体现的协同管理机制侧重于事后。各相关部门如公安部、安全部、军队、外事部门等的职责分工虽有相应的部门法如《中华人民共和国刑法》《中华人民共和国国家安全法》《中华人民共和国人民警察法》《中华人民共和国国防法》来规范，但需要更加集中和强有力的核心力量来领导。而各省市地区的反恐工作也是各自为政的，急需全国范围内的统一协调工作的完善。2014 年 3 月发生于云南昆明火车站的暴力恐怖主义犯罪事件严峻地考验着我们中央和地方的反恐协调能力。由此我们可以理解，中央提出依法治国的理念可以逐步覆盖至国家安全层面，使对恐怖主义犯罪的惩治有法可依，从而真正全面落实依法治国与总体国家安全观理念。

中国现代国际关系研究院安全与军控研究所所长、反恐专家李伟认为，哪个地方防范薄弱，恐怖主义就可能在哪个地方进行渗透。反恐防恐的核心是早发现、早预警，防范袭击事件发生，在恐怖袭击发生前果断采取措施。而要做到提前预警、提前处置，关键问题是情报工作。要完善国家的反恐立法，为反恐提供可靠的法律保障，对一些试图实施恐怖袭击的活动可以有更大的防范打击的空间和力度。①

2003 年美籍华人王炳章涉嫌从事危害中国国家安全和公共安全的犯罪活动，被广东公安机关抓捕。王炳章多年来通过网络与出版物等方式传播暴力、恐怖主义思想。国家安全部证明：王炳章于2001 年 3 月 18 日给台湾当局原某高层官员写信，信中主要谈了妄图进行暴力恐怖活动的设想。其犯罪事实，分别触犯了《中华人民共和国刑法》第一百二十条第一款及 1979 年《中华人民共和国刑法》第九十七条第一项、第三项之规定，构成组织、领导恐怖组织罪、间谍罪。②

可以看出，中国国际安全面临的威胁不仅来自西部，来自新疆地区，东南沿海地区因为公民出入境的次数频繁，从海外以合法或非法的形式潜入内地从事反动活动的情况也时有发生。央地合作反恐不仅涉及北京和新疆的合作，也涵盖北京和广东、福建等沿海地区的合作。

第四节　反恐行动中的部门协作与全民参与

近年来我国各省市地区成立了反恐处，由各地区党委和政府直接领导。而中央公安部的反恐局对地方反恐工作仅有业务上的指导关系，这和外交部对地方外办的指导关系是并行的，具有同样的逻辑。而众所周知，一个垂直管理体系是具有更高效率的，因此建议朝着垂直管理的方向进行改革。

由于现代网络科技的发达以及恐怖分子通过网络科技进行犯罪的手段，再加上网络恐怖主义的猖獗，国家互联网信息办公室在反恐行政执法方面具有重要的作用。同时，在全民合作、央地合作反恐的大局中，充分发挥国务院新闻办公室的协调指挥机制，对外统

---

① 《专家解读暴徒为何选择昆明作案：防范相对薄弱》，http://news.qq.com/a/20140302/006732.htm，2014-03-02。

② 《王炳章涉嫌间谍和恐怖活动正式被捕》，http://www.chinanews.com/2002-12-21/26/255918.html，2002-12-21。

一口径以应对国际媒体的各种心态的反应也是必不可少的。

国内部门间合作还有另一种形式，以俄罗斯为典型代表。俄罗斯各反恐机构在随着反恐形势来相应调整机构职能方面，并不是通常的那样更换机构名称或者调动机构负责人，而是直接对换各机构之间的权力范围，更换管理职能，这样更为高效且更能降低行政成本。

"俄罗斯法定反恐机关不仅包括安全局、内务部，还包括紧急情况部、对外侦察局"①。中国公安部的权力则相对集中，甚至专门负责海外事务的国家安全部在一定程度上也隶属于公安部，而中国的现实情况其实在某些方面更为复杂。比如中国近年来的群体性社会事件，在诸多行为特征上与恐怖主义犯罪具有相似之处，当然目前我国对于群体性事件主要还定位在行政与社会治理的层面，未对其进行相应的有效的刑事立法，尽管它在立法方面的意义并不亚于反恐立法。俄罗斯内务部下属的紧急情况部专司社会突发事件的管理职能。针对当前中国社会诸如此类的公共安全事件，公安部十分有必要完善和明确相应的分管部门，一方面集中决策，另一方面分管明确，这样才能适应当前的执法需要，正所谓"离之双美，合之两伤"。

此外，地方司法机关可以参与跨境国际合作过程，目前在国内也有相关的依据。《人民检察院刑事诉讼规则（试行）》第十六章第六百八十九条规定，我国边境地区人民检察院与相邻国家的司法机关进行司法合作，在不违背有关条约、协议和我国法律的前提下，可以按惯例或者遵照有关规定进行，但应当报最高人民检察院备案。

中国边境省份和地区在与邻国开展反恐国际合作方面，已经有了比较成熟的相关立法实践经验。根据《人民检察院刑事诉讼规则（试行）》的第六百九十条，"我国边境地区人民检察院与相邻国家的司法机关相互进行司法合作，可以视情况就双方之间办案过程中

---

① 张杰：《反恐国际警务合作》，中国政法大学出版社 2013 年版，第 195 页。

的具体事务作出安排，开展友好往来活动。"2010 年 9 月 9 日，在哈尔滨举行的中俄两国定期工作会晤中，黑龙江省公安厅与俄罗斯联邦远东内务总局签署了关于加强打击恐怖主义以及其他相关跨国犯罪合作的《会晤纪要》，这堪称地方政府部门参与国际合作的典范。

如果我们从传统西方政治学的逻辑出发，认为公民社会与非政府组织属于独立于政府职能部门的另一个政治社会生态领域，那么全民参与反恐行动将成为部门协作的必要社会基础。而反恐专家李伟认为，"全民反恐"是中国提出的概念，意为"反恐的专群结合"，即专业的、职能部门的反恐力量和民众的反恐力量结合，来共同应对恐怖主义的威胁。

虽然由于各国国情不同而必然带有一些地方特色和微妙差别，但是西方国家早已提出了类似的全民反恐理念。中国全面反恐体现的是中央"总体安全观"的指导思想，包括地方政府所采取的一些反恐举措与各种非政府组织协同政府采取的反恐行动都成为全民反恐的有效推动力。

深圳市公安局于 2014 年 6 月 16 日公布《深圳市公安局关于对举报涉恐线索实施重奖的通告》，首次奖励针对涉嫌恐怖主义犯罪线索的举报人，可以说是对公众参与反恐侦破的鼓励与尝试。

2014 年 6 月 16 日，深圳市公安局发布《深圳市公安局关于对举报涉恐线索实施重奖的通告》，对市民举报涉恐线索的方式、奖励标准、奖金领取、举报人权利义务等相关内容进行了明确。涉恐线索主要包括涉及组织、策划、实施或煽动实施暴力恐怖活动等情况的线索，以及其他与涉恐活动相关的可疑人、事、物、车等线索。警方将按照举报人提供的线索在涉恐案（事）件查处过程中所发挥的作用，及相关涉恐案件可能造成的危害程度等情况，对举报人给予奖励。①

实践证明，鼓励知情群众参与到反恐的线索侦破乃至实际行动

---

① 《深圳市公安局关于对举报涉恐线索实施重奖的通告》，http://www.szga.gov.cn/JWXW/RDZZ/201406/t20140617_67108.htm，2014-06-17。

当中，可以最大限度地提升政府行动的效力。深圳市公安局的这一实践令市民参与反恐的积极性明显增强，在这方面除了深圳之外国内其他地方已经有了很多成功的案例。

2014年7月27日，新疆和田地区公安机关在侦破一件暴恐团伙案件中，根据群众举报，锁定目标，迅速组织警力进行围堵，当地群众闻讯后纷纷加入搜捕。8月1日中午，公安民警和3万余名群众合力击毙暴徒9人，抓获1人，公安民警和群众无一伤亡。这一事件可谓全民反恐的典型案例。①

第五节 中国国内反恐及参与国际反恐的良性互动

中国公安部已确定四个维吾尔组织为恐怖组织，其中包括东突厥斯坦伊斯兰运动（即"东伊运"）、东突厥斯坦解放组织（"东突解放组织"，1996年成立于土耳其的伊斯兰布尔，创建人为买买提明·艾孜来提）、世界维吾尔代表大会（世维会）东突厥斯坦信息中心（The East Turkistan Information Center，于1996年6月在德国慕尼黑市建立，又称"东突信息中心""东突信息联络中心""东突信息中心"）。通常意义上所指的"东突"恐怖组织实际上包括"东伊运""东突解放组织""东突信息中心""伊扎布特（伊斯兰解放组织）"等多个概念，是其总称。目前中国对国内恐怖组织的认定仍然适用这一框架。

"东伊运"在"9·11"事件之后顿时陷入低谷，三年后在德国慕尼黑，由"世界维吾尔青年代表大会"和"东突民族代表大会"发起串联了国际上20多个"东突"分裂组织，成立了"世界维吾尔代表大会"，即"世维会"。"世界维吾尔青年代表大会"在2003年被公安部确认为东突恐怖组织，而后被吸纳进"世维会"，从此合流。

"东伊运"是"东突"恐怖势力中最具危害性的恐怖组织之一。该组织曾参与策划指挥的历次恐怖主义袭击包括：1998年5月23

---

① 《新疆和田3万余名当地群众自发参与围堵搜捕暴恐分子》，http://news.xinhuanet.com/local/2014-08/01/c_1111905065.htm，2014-08-01。

日乌鲁木齐火车站爆炸纵火案；1999 年 2 月 4 日乌鲁木齐持枪抢劫 24.7 万元；1999 年 2 月 10 日乌鲁木齐暴力袭警案；1999 年 3 月 25 日新疆和田爆炸袭击案；1999 年 6 月 18 日新疆新和暴力袭警案；2008 年 3 月"东突"分子阴谋策划引爆南航客机，终未能得逞；2008 年 8 月 4 日新疆喀什驾车袭击公安边防官兵案。

"东伊运"并非一个孤立的恐怖组织，而是国际恐怖主义庞大体系的一个组成部分。联合国已经认定其为恐怖组织，2002 年 9 月 11 日，联合国安理会正式将"东伊运"列入安理会颁布的恐怖主义组织和个人名单，对其实行资产冻结、旅行限制、武器禁运等制裁。美国 FBI 也已将"东突"组织纳入国际恐怖主义黑名单。

"东伊运"所宣传的对华"圣战"思想实质上与国际伊斯兰极端主义的圣战思想是一脉相承的。国内反恐专家一致认为，"东伊运"实际上与其他国际恐怖组织已经融为一体，难以进行有效区分。

政治吸纳机制的初衷是很好的，但是也可能被别有用心的恐怖分子利用，成为其隐蔽犯罪的途径，使其披上合法外衣。热比娅于 2006 年和 2009 年两度出任"世维会"主席。热比娅曾任新疆维吾尔自治区工商联副主席、新疆女企业家协会副会长，并且被选为第八届全国政协委员。然而政治吸纳机制未能感化她，也未能改变其反人类的本性。中国政府已判定该组织及其领导人热比娅是造成 197 位无辜市民死亡的乌鲁木齐"7·5"事件的幕后主使。

1999 年 8 月，热比娅因危害国家安全罪被批捕。2000 年 3 月，乌鲁木齐中院以向境外组织非法提供国家情报罪，判处热比娅 8 年有期徒刑，2004 年她获得减刑 1 年。新疆"7·5"事件之后以热比娅为首的世维会还多次鼓动维吾尔族民众向中国政府施压。2000 年两名新疆分裂主义分子在车臣战争中被俄罗斯军队俘获后遭返回中国。2005 年热比娅申请保外就医，之后出逃美国，继续从事并暗中支持反华活动和恐怖主义犯罪活动的幕后操作。这体现我国国内的反恐立法存在着很多不完善的地方，很多相应的罪名没有得到体现，如果数罪并罚，那么热比娅将会得到更为严厉的惩处。

吸纳机制可能会有其难以避免的漏洞，然而完全靠挤压也只是权宜之策，无法从根本上消除恐怖主义所赖以滋生的根源。在这里我们应该把握好吸纳与挤压，也就是刚与柔的辩证关系。

中国政府的反恐政策需要媒体正确的传导，以避免国外尤其是西方国家对中国国内反恐政策与民族政策的误解和偏见。再考虑到媒体经常无意中成为恐怖主义传播其极端思想的利用工具，因此，政府理应以正确导向来引导媒体的正面报道。例如驳斥热比娅自称是"世界维吾尔精神的母亲"这样的不必要的回应需要避免，有时正像中国古代哲人老子所言的"我无为而民自化"，即可"无为而治"。

此外，从法律层面来看，国内也有专家（以王逸舟为代表）认为，中国在近期内出台一部专门的反恐法不具有现实性，目前中国还处在制定反恐法的前期调研阶段，并且还需要较长时间的调研。西方国家的反恐法出台之后，一个副产品就是扩大了政府的公权力，扩大了伤害公民权利的可能性，以反恐为名侵犯公民隐私，随意搜查，等等。因此，制定反恐法的一个最大的难题就是如何把握反恐执法的界限和限度，勿以反恐法的不恰当运用而侵犯宪法的权威。如果说国际反恐条约与国内宪法的关系是每一个国家都面临的两难困境，那么再单独制定一部国内的反恐法，就是难上加难，需要处理好国际反恐条约、国内宪法与专门反恐法三者之间的良性互动。

国际组织框架内的各个成员国之间的合作，以及成员国与国际组织之间的互动（例如国家与国际刑事法院、国际法院之间的互动）必然会影响和塑造未来国际刑事司法合作的模式。从另一个角度来讲，这也是国际刑法和其他国际法律机制推动各国国内刑法发展的崭新维度。通过这样一种形式，中国国内刑法在今后参与反恐治理，以及逐步完善专门性反恐立法将会得到发展的契机。

自从第二次世界大战结束以来，罪刑法定原则已经得到世界上各主要刑事司法体系的公认。[1]　因此，尽快确立和完善中国的专门反恐立法，使中国进行和参与国内以及国际反恐行动有法可依，将

---

[1]　[美]巴西奥尼：《国际刑法导论》，法律出版社 2006 年版，第 160 页。

反恐机制确立在法律框架内，成为中国有效开展反恐行动的重要环节。

在 1997 年修订的《中华人民共和国刑法》和 2001 年的《中华人民共和国刑法修正案（三）》中，规定了组织、领导、参加恐怖组织罪，资助恐怖活动罪和洗钱罪等罪名；在 1998 年《最高人民法院、最高人民检察院、公安部、国家安全部、司法部、全国人大常委会法制工作委员会关于刑事诉讼法实施中若干问题的规定》，这些立法文件和司法文件使用了"恐怖活动犯罪""恐怖活动组织""恐怖活动"等专门概念。

中国呼吁各国政府尤其是执法部门对已经认定并公布的上述 4 个恐怖组织依法进行取缔，禁止其在本国境内活动，禁止对它们支持、资助和庇护，并冻结它们的资产；对 11 名恐怖分子依法进行刑事调查，查清其下落后予以拘捕并移交给中国，以便中国依法追究其刑事责任。中国认定恐怖组织和恐怖分子，是根据联合国的有关反恐怖决议，并依照《中华人民共和国刑法》《中华人民共和国国家安全法》等法律法规，经过严密审慎的甄别和审核进行的①，然而我国立法机关至今对恐怖活动组织也没有清晰的界定。

2013 年 8 月 12 日，新疆喀什中级人民法院对巴楚"4·23"暴恐案件中木萨·艾散等 5 名被告人的罪行作出判决，主要罪名为：组织、领导、参加恐怖组织罪、非法制造爆炸物罪、故意杀人罪，等等。2014 年 6 月 16 日，新疆三个地区的中级人民法院依法又分别以组织、领导、参加恐怖组织罪、故意杀人罪、放火罪、非法制造、储运爆炸物罪、盗窃罪等罪名对 7 次暴恐案中总共 13 名恐怖分子作出判决并执行了死刑。

2014 年"5·22"乌鲁木齐暴恐事件发生后的两天，即 2014 年 5 月 24 日，新疆维吾尔自治区高级人民法院、人民检察院、公安厅依据《中华人民共和国刑法》等相关法律规定，联合发布了《关于依法严厉打击暴力恐怖活动的通告》。该通告明确指出以下四类违法

---

① 赵秉志、杜邈：《中国惩治恐怖主义犯罪的刑事司法对策》，载《北京师范大学学报》（社会科学版）2008 年第 5 期。

行为属于涉恐行为，实质上将这四类违法行为间接定性为恐怖主义犯罪。第一类行为包括，组织、领导、参加恐怖组织，实施或煽动实施暴力恐怖活动，以任何方式直接或者间接资助、支持、庇护恐怖活动、恐怖组织、恐怖活动人员。第二类犯罪行为包括，制作、贩卖、运输、传播、复制、持有载有暴力恐怖、宗教极端思想内容的宣传品、移动存储介质、新型电子产品、标识及物品，组织、策划、实施或者煽动实施宗教极端违法犯罪活动。第三类犯罪行为包括，非法制造、买卖、运输、储存、托运、寄递、携带枪支、弹药、易燃易爆及管制刀具等危爆物品，传授、传播制枪制爆技术、方法。第四类行为是指偷越国境、边境或者组织、策划、煽动、运送、协助他人偷越国境、边境的行为。

近几年新疆维吾尔自治区各级法院所审理宣判的恐怖主义犯罪案件中，多以故意杀人罪、分裂国家罪、组织领导参与恐怖组织罪为罪名进行宣判。中国刑法中的这几个有限的罪名远不足以表明恐怖分子的行为特征和犯罪性质，当今恐怖主义犯罪不断发展变化的手段和形态，真可谓"罄竹难书"。因此，出台反恐法是势在必行的事情。反恐法的出台会为我们的反恐工作提供极大的支持和保障，这不但可以使我们能够更加全面有效地打击恐怖活动，也是我们依法治国的一个重要方面。

在地区反恐方面，2001 年 6 月《打击恐怖主义、分裂主义和极端主义上海公约》的确立标志着上海合作组织的诞生，同时在这个基础之上，2002 年 6 月进一步确立了《上海合作组织成员国关于地区反恐怖机构的协定》，从而设立了六国联合反恐总部。

然而目前尚缺乏有效的机制来将这些国际法律文件纳入国内法律体系并予以实施，这难免陷入一种国际法学界通常所谓的"二元"状态。从这样一种困境出发，应当构建"以宪法为依据，以反恐怖法为主导，诸法配合"的反恐立法新格局。①

《中华人民共和国刑法》第 9 条规定：对于中华人民共和国缔

---

① 赵秉志、杜邈：《我国反恐怖主义立法完善研讨》，载《反恐立法问题学术研讨会论文集》，第 11 页。

结或参加的国际条约所规定的罪行，中华人民共和国在所承担条约义务的范围内行使管辖权的，适用本法。

2001 年 11 月 2 日，最高人民法院、最高人民检察院和公安部联合颁布了《关于依法严厉打击暴力恐怖活动的通告》。2001 年 12 月 29 日，全国人大常委会通过了《中华人民共和国刑法修正案（三）》，这是中国为履行加入的反恐国际公约的义务而采取的重要立法举措，也表明了中国依法打击恐怖主义犯罪的坚定立场。2002 年 1 月 25 日，最高人民检察院发布了《关于认真贯彻执行〈中华人民共和国刑法修正案（三）〉的通知》，该通知对各级检察机关在刑事司法中的作用提出了明确要求，强调要在反恐怖斗争中充分发挥检察机关的职能作用。

在未来一段时期内，中国仍有必要将国内刑法中的反恐条款与国际反恐立法尤其是国际反恐公约进行"并轨"，这不仅可以使中国参与国际反恐合作的法律机制走向常态化、轨道化进程，更重要的是可以使中国国内反恐立法日益健全和完善，从而有利于尽快出台一部适合中国国情、符合中国政治生态的专门性反恐法。

中国已经签署或加入的国际反恐公约，包括 1963 年在东京签署的《关于在航空器内的犯罪和其他某些行为的公约》；1970 年在荷兰海牙签署的《制止非法劫持航空器的公约》；1971 年订于加拿大蒙特利尔的《制止危害民用航空安全的非法行为的公约》；1973 年于美国纽约签署的《关于防止和惩处侵害应受国际保护人员包括外交代表的罪行的公约》和 1979 年签署的《反对劫持人质国际公约》；1980 年订于奥地利维也纳的《核材料实物保护公约》；1988 年同时订于意大利罗马的《制止危害大陆架固定平台安全非法行为议定书》和《制止危及海上航行安全非法行为公约》；1988 年订于蒙特利尔的《制止在为国际民用航空服务的机场上的非法暴力行为的议定书》；以及后来相继订立于美国纽约的三部公约，即 1997 年《制止恐怖主义爆炸的国际公约》、1999 年《制止向恐怖主义提供资助的国际公约》和 2005 年《制止核恐怖主义行为国际公约》。此外还有 2010 年《制止与国际民用航空有关的非法行为的公约》（简称《北京公约》）与《制止非法劫持航空器公约的补充议定书》（简称

《北京议定书》）。如果把与打击恐怖主义犯罪相关的公约也算进来，如 1988 年《联合国禁毒公约》、2000 年《联合国打击跨国有组织犯罪公约》，以及在上海合作组织框架内形成的地区性反恐公约《打击恐怖主义、分裂主义和极端主义上海公约》都算进来，中国已经加入了近 20 部反恐公约。这些都是中国在参与国际反恐合作法律机制的道路上迈出的重要步伐，也是已经取得的具有里程碑意义的成就。

从中国的务实外交理念出发，中国参与各项国际反恐公约以及联合国反恐决议符合中国的国家利益。尤其是部门性反恐公约，由于其具有灵活、明确而有针对性的特点，对于包括中国在内的多数发展中国家是切实可行的。这些公约较少带有大国意志的色彩，较少受到西方大国意识形态的左右，因而对于中国这样的发展中国家具有更大的吸引力。基于同样的原因，联合国安理会的历次反恐决议不但更多地体现了中国的意愿，而且带有更大的强制性，因而中国一贯坚决支持安理会的各项决议。在今后这也将成为中国在国际反恐合作中树立负责任大国的良好形象的重要途径。

第六节　结论

一般认为，全球范围内政治经济发展的不平衡，南北差距的不断拉大，贫富差距的急剧增大，以及伴随着的民族、宗教方面的不平等，国与国之间的不平等，所有这些因素构成了恐怖主义的社会根源。如果从另一个角度来分析，也可以说，全球化进程与反全球化进程的内在张力构成了恐怖主义的深层次动力。虽然今天的恐怖主义类型千差万别、形式各异，但是其根源莫不如此，即使国家恐怖主义表面上往往由西方强国发起，可以认为这是南北国家之间以暴制暴的恶性循环。

普遍贫穷、完全隔绝于国际经济格局之外的地区反而不易滋生恐怖主义，恰恰是那些处于转型中的、国内秩序变革中的国家和地区易于滋生恐怖主义，尤其是当有外国的因素植入该地区的时候，会加剧这种国内的社会矛盾。

2003 年以来，中华人民共和国公安部先后公布了三批恐怖分子名单，包括 25 名恐怖分子和 4 个恐怖组织。经过总结分析得出的结论呈现出这样几个特征：恐怖主义犯罪分子的文化层次与年龄结构普遍偏低；在地理分布上，恐怖主义犯罪分子主要集中在南疆贫困地区和少数民族聚居区；女性恐怖分子在近年来呈现人数比例不断攀升等特征。① 在一份公安部对已经认定的前三批"东突"恐怖分子年龄结构的抽样调查中，"80 后"占到 50%，"70 后"占到 13%，"60 后"占到 11%，"90 后"占到 5%，而 20 世纪 50 年代出生的恐怖分子仅仅占到 0.01%。从中我们可以发现年轻人更容易被恐怖主义思想所蛊惑，情感更容易走向极端从而参与暴恐犯罪。②

如果我们将"东突"恐怖分子的个体特征和国际恐怖主义犯罪的个体特征进行对比，会发现两者之间无论在总体结构还是组成部分的数据比例方面呈现出基本的一致。

从犯罪主体自身属性来看，我们可以从逻辑上推出，在针对恐怖主义进行国际执法合作的过程中，侦查手段与技术大同小异。不同国家对待恐怖分子的态度之所以存在差异(尽管各国一致声称打击和谴责各种形式的恐怖主义)，主要还是出于自身利益和国际政治的微妙关系的考虑，换句话说，也就是产生对待恐怖主义双重标准的根源所在。单纯从立法和司法角度来审视恐怖主义犯罪，通常是以其犯罪的行为特征和犯罪动机等要件作为判定依据。国际恐怖主义的重灾区如土耳其、叙利亚、伊拉克等中东国家，菲律宾、印尼、马来西亚等东南亚国家，在本地区开展情报合作与军事、司法领域合作都是当务之急，然而现实发展远落后于政治需要，国际反恐合作本应超越现状。一旦脱离法制范畴，进入政治话语，国际反

① 土耳其亚洲战略研究中心 Andac Karabulut 博士曾经对土耳其境内的恐怖分子做了一份调查报告，发现该国境内恐怖分子的总体分布中，男性与女性的数量比例大致为 7：1。这一数据与其他大多数国家的调查是基本一致的。详见 Andac Karabulut, *Kara Para*, Istanbul: Bilgeoguz 2014, p. 98。

② 《第一批认定的"东突"恐怖组织、恐怖分子名单》，http://www.mps.gov.cn/n16/n983040/n1988498/1988553.html，2003-12-15。

恐合作就会因国际政治的博弈斗争而止步不前。这也就是当前国际反恐合作的主要困境所在。

一些带有邪教色彩的恐怖主义对于其组织成员从幼年时代就开始进行洗脑。学术界的研究认为主要分为三个阶段，第一个阶段，从幼年开始灌输极端主义宗教思想和被扭曲的宗教经文教义，这一阶段表面上看属于正常的宗教信仰，尚未完全具备邪教的所有属性。然而，在第二个阶段，邪教组织开始偷换概念，通过歪曲经文，把自己的邪恶动机和违法犯罪目的移植到对教义的解释中。第三个阶段，即进入所谓的"圣战"阶段，开始实施犯罪。

有西方媒体评论，中国可能会成为国际"圣战"的下一个目标。随着中国的迅速发展和不断地开放、融入国际社会，在这一过程中国不再是以往所想象的隔离于国际恐怖主义之外的避风港。在国际社会的历史进程中，任何一个快速发展的国家都必然面临来自国内外的各种矛盾和挑战。

来自不列颠濒危语言基金会(Britain's foundation for endangered language)的一位学者尼古拉斯·奥斯特勒(Nicholas Ostler)在研究小语种族群濒临灭绝的问题时发现，一个亚文化族群之所以不愿意坚持保留祖辈的文化传统，是因为缺乏一种文化自信。换言之，自身所处的亚文化圈经济发展水平低，而若要寻求自身更好的发展，不得不融入主流文化而放弃自身亚文化的保留行为。Nicholas Ostler 的观点为何用在民族分裂型恐怖主义以及宗教极端型恐怖主义身上就解释不通了？我们可以发现，Nicholas Ostler 所指的小语种族群不指代少数民族语言的内涵，如果上述小语种族群与民族属性、宗教属性无关，那么该族群就容易被主流文化所同化。然而一旦该亚文化圈与民族认同、宗教归属产生共鸣、具备同一性之后，这种同化(或是有意识的文化征服，如美国人对待印第安土著的行为；或是无意识的文化融合，如儒家的"汉化")必然会引起不满和敌视情绪。因此，保存具有民族、宗教属性的亚文化群体的独立性和完整性，是消除恐怖主义尤其是民族分裂型和宗教极端型恐怖主义根源的有效治理方法。然而，政府在这一过程中该做些什么，该"管得多"还是"管得少"，这是应当引起学界和政界深刻反思的。

当然，也有学者干脆把这一疑问归结为"伪命题"。在这里，芝加哥大学语言学教授 Salikoko Mufwene 的观点超越了这一思考，他指出，伤害亚文化群体的不是政府政策，而是不可抗拒的经济全球化力量。这样对于国际恐怖主义根源问题的解读再一次回到了国际政治经济格局的不平衡发展问题上来。

同一个宗教内部不同派别之间由于对信仰教义的理解分歧，所造成的尖锐矛盾往往远胜于一个宗教徒与异教徒之间的矛盾。这也是中国作为一个无神论主导意识形态的国家之所以能够实行等距离平衡式外交，成功与巴以、美俄、朝韩等冲突双方保持稳定关系的原因之一。2014 年，在伊斯兰教重大节日开斋节之后的第二天，3 名暴徒受宗教极端思想影响，于 7 月 30 日 6 时 58 分，在居玛·塔伊尔大毛拉主持完晨礼后，残忍地将其杀害。喀什市艾提尕尔清真寺伊玛目居玛·塔伊尔大毛拉作为爱国宗教人士，主张大度、开放的宗教，不排斥各种教派和不同信仰，并援引《古兰经》谴责暴力和恐怖主义罪行。同样的，在巴勒斯坦，主张和平渐进推进中东和平进程的民族权力机构主席阿拉法特由于其对待以色列的温和态度和和平谈判立场，遭受作为同胞的哈马斯激进组织而非敌手以色列的暗杀。类似的"内斗"事例不胜枚举。这些现象在研究国际安全问题当中值得深思。它告诉我们，宗教极端型恐怖主义，由于其教义的诠释和再诠释，而带来了特有的滋生暴力和恐怖主义的根源。要铲除这种根源，不仅要从外部着手，或单纯地靠武力解决，似乎更多地要运用软性的外交与政治手段从内部潜移默化地转化和推进。

使用武力反恐最大的弊端在于极其容易伤及无辜平民。恐怖分子本身处于隐蔽之中，目标难以识别，而政权一旦轻易动用军队，便会造成反恐的恶性循环，使反恐扩大化。因此反恐不能"一刀切"，反恐任务的执行要更多地依靠警务人员以及武警部门作为执行手段。

不同的合作机制来源于不同的社会动力和政治环境，甚至即使是在国际反恐合作的单一法律层面，诉诸不同的法律机制和法律渊源，合作的趋势和结果也会有所不同。正如上文所说，反恐的手段不当，则会"越反越恐"。因此，采取哪一种机制（比如利用外交渠道来引导还是利用司法管辖来约束），就间接决定了反恐朝向哪一种方向、哪一种后果发展。而对于恐怖主义这种与社会问题相关的刑事犯罪，反恐与"被反"的对象，是相互作用、相互引导的。

国际恐怖主义犯罪不断发展的新形式一直在考验着国际反恐法理基础的精准性和完备性，也在不断地修正着反恐法律体系的内涵和外延。然而这个过程只有在不断的实践和积累当中才能得以检验。国际立法至今仍然无法就恐怖主义犯罪的定义达成一致这个事实本身，就说明了对恐怖主义的认定不可能完全基于法律判断，而是具有诸多政治利益的考量。

如果上述第一点要警示我们的是务必推进法治化进程，那么第二点要告诫我们的就是务必消除贫困，消除恐怖主义滋生的根源。

要彻底消灭恐怖主义，做到釜底抽薪，就不仅要从法律上消灭恐怖主义犯罪，消灭恐怖分子，还要从技术层面、治理层面消除恐怖主义犯罪的方法、手段，更重要的是最终消灭恐怖主义思想，以及其所传播的意识形态和蛊惑人心的核心理念，也就是从社会学意义上消灭其所产生的社会根源。而中国在参与国际反恐合作机制的过程中也必然要面对两难的困境，即恐怖主义自身的国际性与反恐立法的地区性，这与全球化自身所带来的悖论是相对应的。国际反恐机制，无论是政治外交机制还是法律机制，都不可能精准地针对并解决所有国家出现的千差万别的恐怖主义类型。然而，在联合国的框架内，尽早制定一个全面反恐公约，仍然是国际社会有效打击恐怖主义的重要举措。中国应当在这个方面作出自己的努力和贡献。仅仅消灭作为一种犯罪现象的恐怖主义行为，只是反恐行动的起点。有效的社会治理更多地包含着政治属性与政治认知。法律是为政治服务的，尽管中国已经批准或者加入了大部分有关国际反恐公约并支持联合国安理会的相关决议，中国还应当以自身国情与政治利益的考量作为基点，才能更有效地处理好自身的问题。对于自身面临恐怖主义威胁的其他国家也莫不如此。一切政治行动应始终以联合国安理会反恐决议和联合国框架下的国际反恐公约作为努力方向，才能赋予其合法性与常规性。区域化、内部化的反恐政策与普遍性、全面性的国际反恐立法是不可偏废地处于同一整体的两个侧面，这正如恐怖主义自身的国际属性与地区国别属性并存，也恰似全球化与反全球化共生的内在张力。

附　　录

联合国安理会第 1373 号决议

安全理事会，

重申其 1999 年 10 月 19 日第 1269（1999）号和 2001 年 9 月 12 日第 1368（2001）号决议，

又重申断然谴责 2001 年 9 月 11 日在纽约、华盛顿特区和宾夕法尼亚州发生的恐怖主义攻击，并表示决心防止一切此种行为，

还重申这种行为，如同任何国际恐怖主义行为，对国际和平与安全构成威胁，

再次申明《联合国宪章》所确认并经第 1368（2001）号决议重申的单独或集体自卫的固有权利，重申必须根据《联合国宪章》以一切手段打击恐怖主义行为对国际和平与安全造成的威胁，深为关切在世界各地区，以不容忍或极端主义为动机的恐怖主义行为有所增加，

呼吁各国紧急合作，防止和制止恐怖主义行为，包括通过加强合作和充分执行关于恐怖主义的各项国际公约，确认各国为补充国际合作，有必要在其领土内通过一切合法手段，采取更多措施，防止和制止资助和筹备任何恐怖主义行为。

重申大会 1970 年 10 月的宣言(第 2625(XXV)号决议)所确定并经安全理事会 1998 年 8 月 13 日第 1189(1998)号决议重申的原则,即每个国家都有义务不在另一国家组织、煽动、协助或参加恐怖主义行为,或默许在本国境内为犯下这种行为而进行有组织的活动。

根据《联合国宪章》第七章采取行动,

1. 决定所有国家应:

a. 防止和制止资助恐怖主义行为;

b. 将下述行为定为犯罪:本国国民或在本国领土内,以任何手段直接间接和故意提供或筹集资金,意图将这些资金用于恐怖主义行为或知晓资金将用于此种行为;

c. 毫不拖延地冻结犯下或企图犯下恐怖主义行为或参与或协助犯下恐怖主义行为的个人、这种人拥有或直接间接控制的实体以及代表这种人和实体或按其指示行事的个人和实体的资金和其他金融资产或经济资源,包括由这种人及有关个人和实体拥有或直接间接控制的财产所衍生或产生的资金;

d. 禁止本国国民或本国领土内任何个人和实体直接间接为犯下或企图犯下或协助或参与犯下恐怖主义行为的个人、这种人拥有或直接间接控制的实体以及代表这种人或按其指示行事的个人和实体提供任何资金、金融资产或经济资源或金融或其他有关服务;

2. 还决定所有国家应:

a. 不向参与恐怖主义行为的实体或个人主动或被动提供任何形式的支持,包括制止恐怖主义集团招募成员和消除向恐怖分子供应武器;

b. 采取必要步骤,防止犯下恐怖主义行为,包括通过交流情报向其他国家提供预警;

c. 对于资助、计划、支持或犯下恐怖主义行为或提供安全庇护所的人拒绝给予安全庇护;

d. 防止资助、计划、协助或犯下恐怖主义行为的人为敌对其他国家或其公民的目的利用本国领土;

e. 确保把参与资助、计划、筹备或犯下恐怖主义行为或参与支持恐怖主义行为的任何人绳之以法，确保除其他惩治措施以外，在国内法规中确定此种恐怖主义行为是严重刑事罪行，并确保惩罚充分反映此种恐怖主义行为的严重性；

f. 在涉及资助或支持恐怖主义行为的刑事调查或刑事诉讼中互相给予最大程度的协助，包括协助取得本国掌握的、诉讼所必需的证据；

g. 通过有效的边界管制和对签发身份证和旅行证件的控制，并通过防止假造、伪造或冒用身份证和旅行证件，防止恐怖分子和恐怖主义集团的移动；

3. 呼吁所有国家：

a. 找出办法加紧和加速交流行动情报，尤其是下列情报：恐怖主义分子或网络的行动或移动；伪造或变造的旅行证件；贩运军火、爆炸物或敏感材料；恐怖主义集团使用通讯技术；以及恐怖主义集团拥有大规模毁灭性武器所造成的威胁；

b. 按照国际和国内法交流情报，并在行政和司法事项上合作，以防止犯下恐怖主义行为；

c. 特别是通过双边和多边安排和协议，合作防止和制止恐怖主义攻击并采取行动对付犯下此种行为者；

d. 尽快成为关于恐怖主义的国际公约和议定书、包括 1999 年 12 月 9 日《制止资助恐怖主义的国际公约》的缔约国；

e. 加强合作，全面执行关于恐怖主义的国际公约和议定书以及安全理事会第 1269(1999) 号和第 1368(2001) 号决议；

f. 在给予难民地位前，依照本国法律和国际法的有关规定、包括国际人权标准采取适当措施，以确保寻求庇护者没有计划、协助或参与犯下恐怖主义行为；

g. 依照国际法，确保难民地位不被犯下、组织或协助恐怖主义行为者滥用，并且不承认以出于政治动机的主张为理由而拒绝引渡逃犯的请求；

4. 关切地注意到国际恐怖主义与跨国有组织犯罪、非法药物、洗钱、非法贩运武器、非法运送核、化学、生物和其他潜在致命材料之间的密切联系，在这方面并强调必须加紧协调国家、分区域、区域和国际各级的努力，以加强对国际安全所受到的这一严重挑战和威胁的全球反应；

5. 宣布恐怖主义行为、方法和做法违反联合国宗旨和原则，知情地资助、规划和煽动恐怖主义行为也违反联合国的宗旨和原则；

6. 决定按照其暂行议事规则第 28 条设立一个由安理会全体成员组成的安全理事会委员会，在适当专家的协助下监测本决议的执行情况，吁请所有国家至迟于本决议通过之日后 90 天，并于以后按照委员会提出的时间表，向委员会报告本国为执行本决议而采取的步骤；

7. 指示委员会与秘书长协商，界定其任务，在本决议通过后 30 天内提出一项工作方案，并考虑其所需支助；

8. 表示决心按照《宪章》规定的职责采取一切必要步骤，以确保本决议得到全面执行；

9. 决定继续处理此案。

参考文献

一、外文著作和论文

[1] Alexander Jonah, *Combating Terrorism: Strategies of Ten Countries*, Ann Arbor, MI: University of Michigan Press, 2003.

[2] Abrams Norman, *Anti-terrorism and Criminal Enforcement*, 2nd Edition, MN: Thomson West, 2005.

[3] Antonio Cassese, *Terrorism, Politics and Law: the Archille Lauro Affair*, Cambridge: Polity, 1989.

[4] Alex P Schmidt, Albert J Longman, *Politics Terrorism*, Amsterdam: North-Holland Publishing Company, 1988.

[5] Beau Grosscup, *The Newest Explosions of Terrorism*, New Horizon Press, 1998

[6] Christopher C Harmon, *Terrorism Today*, Portland, OR: Frank Cass, 2000.

[7] Galor Noemi, *International Cooperation to Suppress Terrorism*, New York: St. Martin's Press, 1985.

［8］Michael Hardy, *Modern Diplomatic Law*, Manchester: Manchester University Press, 1983.

［9］Stoel Michael, *The Politics of Terrorism*, 3rd Edition, New York, Ang Basel: Marcel Dekker, Inc., 1988.

［10］Ali Raza Moosvi, *Terrorism Examining the Politics of Market*, LAP Lambert Academic Publishing, 2010.

［11］Walter Reich, *Origins of Terrorism*, Woodrow Wilson Center Press, 1998.

［12］Walter Laqueur, *No End to War: Terrorism in the Twenty-First Century*, New York: Continuum, 2003.

［13］Walter Laqueur, *The New Terrorism: Fanaticism and the Arms of Mass Destruction*, London: Oxford University Press, 1999.

［14］Walter Laqueur, *The Age of Terrorism*, London: I. B. Little Brown Company, Boston, 1987.

［15］William Gutteridge, *Contemporary Terrorism*, New York: Facts on File Publication, 1986.

［16］H. H. Tucker, *Combating the Terrorist*, New York, Facts on File Publication, 1988.

［17］Alan Gerson, Holding Terrorist States Accountable, *Washington Times*, A15, Jun. 4, 1996.

［18］Bassiouni M. Cherif, Legal Control of International Terrorism: A Policy-Oriented Assessment, *Harvard International Law Journal*, Vol. 43, No. 1, 2002.

［19］Chalmers Johnson, Perspective on Terrorism, in Walter Laquer Editon, *The Terrorism Reader: A History Anthology*, New York, London and Scarborough, Ontario, 1978.

［20］J. Harris, Domestic terrorism in the 1980s, *FBI Law Enforcement Bulletin*, Vol. 56, No. 11, 1987.

［21］M. Juergensmeyer, Terror Mandated by God, *Terrorism and Political Violence*, Vol. 9, No. 2, 1997.

［22］Ronald Spiers, The Anatony of Terrorism, *Foreign Service*

Journal, Sep., 2004.

[23] Liu Zuokui, Perception and Misperception between Turkey and China, in Kutay Karaca ed., *Sino-Turkey Relations*:*Policies*, *Perceptions and Prospects*, *Palgrave*, 2014.

[24] Ragip Kutay KARACA, On Perceptions Between Turkey and China, *Istanbul Gelisim University Journal*, 2012.

[25] Andac Karabulut, *Kara Para*, Istanbul:Bilgeoguz, 2014.

二、中文著作和论文

[1] 陈纯一:《国家豁免问题之研究》,台北:三民书局,2000。

[2] 杜启新:《国际刑法中的危害人类罪》,北京:知识产权出版社,2008。

[3] 段洁龙:《国际反恐法律文件汇编》,北京:海洋出版社,2009。

[4][英]安东尼·奥斯特:《现代条约法与实践》,江国青,译,北京:中国人民大学出版社,2005。

[5] 江国青:《演进中的国际法问题》,北京:法律出版社,2002。

[6] 胡建奇:《美国反恐跨部门协同研究》,北京:中国人民公安大学出版社,2011。

[7] 胡联合:《全球反恐论——恐怖主义何以发生和应对》,北京:中国大百科全书出版社,2011。

[8] 梁淑英:《国际公法案例评析》,北京:中国政法大学出版社,1995。

[9] 马长生:《国际公约与刑法若干问题研究》,北京:北京大学出版社,2004。

[10][美]诺姆·乔姆斯基:《恐怖主义文化》,张鲲、郎丽璇译,上海:上海译文出版社,2006。

[11] 邵沙平:《国际刑法学——经济全球化与国际犯罪的法律控制》,武汉:武汉大学出版社,2005。

[12] 邵沙平:《国际法院新近案例研究(1990—2003)》,北京:商务印书馆,2006。

［13］谭君久：《当代各国政治体制》，兰州：兰州大学出版社，1998。

［14］赵秉志：《惩治恐怖主义犯罪理论与立法》，北京：中国人民公安大学出版社，2005。

［15］赵秉志、杨诚：《〈联合国打击跨国有组织犯罪公约〉与中国的贯彻研究》，北京：北京师范大学出版社，2009。

［16］赵秉志：《国际恐怖主义犯罪及其防治对策专论》，北京：中国人民公安大学出版社，2005。

［17］赵秉志：《中国反恐立法专论》，北京：中国人民公安大学出版社，2007。

［18］赵秉志等：《外国最新反恐法选编》，北京：中国法制出版社，2008。

［19］王逸舟等：《恐怖主义溯源》，北京：社会科学文献出版社，2010。

［20］夏莉萍：《领事保护机制改革研究——主要发达国家的视角》，北京：北京出版集团公司，2011。

［21］余建华等：《上海合作组织非传统安全研究》，上海：上海社会科学院出版社，2009。

［22］杨洁勉等：《国际合作反恐》，北京：时事出版社，2003。

［23］黄瑶：《联合国全面反恐公约研究——基于国际法的视角》，北京：法律出版社，2010。

［24］黄风：《国际刑事司法合作的规则与实践》，北京：北京大学出版社，2008。

［25］盛红生：《国际在反恐中的国际法责任》，北京：时事出版社，2008。

［26］张家栋：《恐怖主义与反恐怖——历史、理论与实践》，上海：上海人民出版社，2012。

［27］张家栋：《美国反恐怖战略调整及其对中国的影响》，北京：时事出版社，2013。

［28］张家栋：《全球化时代的恐怖主义及其治理》，上海：上海三联书店，2007。

[29] 张千帆：《西方宪法体系——欧洲宪法篇》，北京：中国政法大学出版社。

[30] 刘仁山等：《国际恐怖主义法律问题研究》，北京：中国法制出版社，2011。

[31] 赵华胜：《中国的中亚外交》，北京：时事出版社，2008。

[32] 古丽阿扎提·吐尔逊：《中亚恐怖主义犯罪研究》，北京：中国人民公安大学出版社，2009。

[33] 中国现代国际关系研究院反恐怖研究中心：《各国及联合国反恐怖主义法规选编》，北京：时事出版社，2002。

[34] 中国现代国际关系研究所民族与宗教研究中心：《上海合作组织——新安全观与新机制》，北京：时事出版社，2002。

[35] 中国现代国际关系研究院反恐怖研究中心：《世界主要国家和地区反恐怖政策与措施》，北京：时事出版社，2002。

[36] 殷敏：《外交保护法律制度和中国》，上海：上海世纪出版集团，2010。

[37] 张杰：《反恐国际警务合作——以上海合作组织地区合作为视角》，北京：中国政法大学出版社，2013。

[38] [美] 巴西奥尼：《国际刑法导论》，赵秉志、王文华等译，北京：法律出版社，2006。

[39] [英] 巴瑞·瑞德：《国际金融犯罪预防与控制》，北京：中国金融出版社，2010。

[40] [英] 郑斌：《国际法院与法庭适用的一般国际法原则》，北京：法律出版社。

[41] 秦亚青：《国际政治中的知觉与错误知觉》，北京：世界知识出版社，2003。

[42] 秦一禾：《论国际法院的任择强制管辖权》，北京：法律出版社，2012。

[43] [美] 兹比格纽·布热津斯基：《大棋局：美国的首要地位及其地缘战略》，中国国际问题研究所译，上海：上海人民出版社，2007。

[44] [美] 伊恩·莱塞：《反新恐怖主义》，程克雄译，北京：新华

出版社，2002。

[45]何秉松：《恐怖主义、邪教、黑社会》，北京：群众出版
社，2001。

[46]张美英：《德国与欧盟反恐对策及相关法律研究》，北京：中
国检察出版社，2007。

[47]梁西：《国际组织法》，武汉：武汉大学出版社，2001。

[48][美]阿尔瓦雷茨：《作为造法者的国际组织》，蔡从燕等译，
北京：法律出版社，2011。

[49]联合国毒品与犯罪问题办公室：《恐怖主义案例摘要》，2010。

[50][美]约翰·埃斯波西托：《伊斯兰威胁——神话还是现实?》，
东方晓译，北京：社会科学文献出版社，1999。

[51]《中华人民共和国反洗钱法》，2006。

[52][德]桑巴特：《德意志社会主义》，上海：上海译文出版
社，2010。

[53][以]尤瓦·沙尼：（韩秀丽译）《国际法院与法庭的竞合管辖
权》，北京：法律出版社，2012。

[54][美]汉娜·阿伦特：《极权主义的起源》，林骧华译，北京：
三联书店，2008。

[55][法]福柯：《疯癫与文明》，刘北城、杨远婴译，北京：三联
书店，2007。

[56]马进保：《国际犯罪与国际刑事司法协助》，北京：法律出版
社，1999。

[57][美]伊恩·莱塞：《反新恐怖主义》，程克雄译，北京：新华
出版社，2002。

[58]梁淑英：《论国际恐怖主义的概念和性质》，《王铁崖先生纪念
文集》，北京：北京大学出版社，2004。

[59]梁淑英：《国际恐怖主义与国家自卫》，载《政法论坛》
2003年。

[60]白桂梅：《从国际法角度看国际恐怖主义的界定问题》，载《现
代国际关系》2002年第10期。

[61]王伟光：《恐怖主义与战争之关系辨析》，载《外交评论》2011

年第 2 期。

[62] 杜邈：《澳大利亚反恐怖主义立法述评》，载《河北法学》2006年第 10 期。

[63] 王利文：《东南亚反恐合作的国际制度研究》，山东大学博士学位论文。

[64] 莫洪宪、叶小琴：《我国恐怖主义定义研究述评》，载《北京行政学院学报》2005 年第 5 期。

[65] 张洁：《中国反恐政策——原则、内容与措施》，载《当代亚太》2005 年第 11 期。

[66] 何秉松、廖斌：《恐怖主义概念比较研究》，载《比较法研究》2003 年第 4 期。

[67] 喻义东、夏勇：《走向经济犯罪的恐怖主义——经济全球化背景下恐怖主义犯罪的新趋势及其对策分析》，载《犯罪研究》2013 年第 5 期。

[68] 许桂敏：《俄罗斯反恐立法评介——附 2006 年〈俄罗斯联邦反恐怖主义法〉》，载《环球法律评论》2013 年第 1 期。

[69] 张金平：《东南亚恐怖主义的国际性及对云南国际大通道建设的影响》，载《云南行政学院学报》2005 年第 4 期。

[70] 王伟光：《反恐怖主义与我国东北地区城市安全》，载《外交评论》2011 年第 2 期。

[71] 吴慧、商韬：《海上反恐的国际法分析》，载《国际关系学院学报》2012 年第 1 期。

[72] 朱永彪、杨恕：《网络恐怖主义问题初探》，载《中州学刊》2006 年 9 月。

[73] 谢明刚：《网络恐怖主义探析》，载《中国公共安全》(学术版)2010 年第 2 期。

[74] 赵秉志、杜邈：《中国惩治恐怖主义犯罪的刑事司法对策》，载《北京师范大学学报》(社会科学版)，2008 年第 5 期。

[75] [荷]汤姆·扎沃特：《从西方司法实践看警察行为的司法审查——以涉及恐怖主义犯罪案例研判》(吴胜淼译)，载《公安学刊》2009 年第 5 期。

［76］吕川：《恐怖主义与后现代主义》，载《社会科学辑刊》2003 年第 1 期。

［77］刘作奎：《库尔德工人党的欧洲化——一种新制度主义的分析》，载《西亚非洲》2009 年第 8 期。

［78］［土］库塔·卡拉卡：《土耳其与中国间的认知分析》，忻华译，载《阿拉伯世界研究》2014 年第 2 期。